模糊多属性决策和风险的理论与方法

理论与方法

MOHU DUOSHUXING JUECE HE
FENGXIAN DE LILUN YU FANGFA

郝永花 ◎ 著

知识产权出版社
全国百佳图书出版单位
—北 京—

图书在版编目（CIP）数据

模糊多属性决策和风险的理论与方法/郝永花著.—北京：知识产权出版社，2022.12

ISBN 978-7-5130-8454-3

Ⅰ.①模… Ⅱ.①郝… Ⅲ.①模糊集理论—应用—决策学—研究 Ⅳ.①C934

中国版本图书馆 CIP 数据核字（2022）第 215377 号

内容提要

本书主要阐述模糊多属性决策和风险的理论与方法。全书包括理论方法和实际应用两大部分。理论方法部分有四个方面：模糊数学与风险的相关理论基础、基于区间直觉模糊数的模糊多属性决策方法、基于梯形直觉模糊数的模糊多属性决策方法、基于模糊理论的决策风险研究；实际应用部分讨论项目选择中的应用问题，为决策者进行决策和风险研究提供理论依据和方法参考。

本书可供高等院校数学、运筹学、管理学、信息科学和系统科学等专业的本科生、研究生学习使用，也可供对模糊决策和决策风险感兴趣的读者学习使用，还可作为各类企业管理人员进行决策和防范风险的参考用书。

责任编辑：栾晓航　王海霞　　　　　　责任校对：潘凤越
封面设计：回归线（北京）文化传媒有限公司　　责任印制：孙婷婷

模糊多属性决策和风险的理论与方法

郝永花　著

出版发行：	知识产权出版社有限责任公司	网　　址：http://www.ipph.cn
社　　址：	北京市海淀区气象路 50 号院	邮　　编：100081
责编电话：	010-82000860 转 8790	责编邮箱：93760636@qq.com
发行电话：	010-82000860 转 8101/8102	发行传真：010-82000893/82005070/82000270
印　　刷：	北京建宏印刷有限公司	经　　销：新华书店、各大网上书店及相关专业书店
开　　本：	720mm×1000mm 1/16	印　　张：9.5
版　　次：	2022 年 12 月第 1 版	印　　次：2022 年 12 月第 1 次印刷
字　　数：	130 千字	定　　价：76.00 元

ISBN 978-7-5130-8454-3

前　言

多属性决策是现代决策科学、系统科学和管理科学的重要组成部分，其理论与方法已被广泛地应用到经济、管理、工程、军事和社会等诸多领域。在传统的多属性决策方法中，往往要求备选方案有明确的属性值，而客观事物本身的复杂性和人类认知能力的局限性，使多属性决策问题往往伴随着不确定性，从而很难获取准确的属性值。本书讨论的是属性值为模糊信息或语言化信息时的模糊多属性决策问题。

一般来说，模糊数在处理不确定信息时，已表现出较好的性质，尤其是直觉模糊数同时考虑了隶属度与非隶属度两方面的信息，使其具有较强的表达不确定信息的能力。尽管如此，在许多情况下，当决策者面临决策问题时，有时只能给出决策信息的大致区间，此时若用直觉模糊数来处理这类信息，依然有困难。另外，有决策就会有风险，如果项目决策失误，则带来的风险损失可能是严重的。鉴于此，本书基于模糊理论，探讨模糊不确定性情况下的模糊多属性决策和风险问题。全书共7章，第1章介绍研究背景和意义、国内外研究现状以及研究方法、路线等。第2章介绍模糊数学与风险的相关理论基础。第3章和第4章分别介绍基于区间直觉模糊数和梯形直觉模糊数的模糊多属性决策方法。第5章介绍基于模糊理论的决策风险研究。第6章介绍在项目选择中的应用示例，一方面，运用第3章和第4章给出的模糊多属性决策方法，分别在属性值是区间直觉模糊数和梯形直觉模糊数的情形下，对项目的备选方案进行排序，完成方案的比较和选择，从而选出最优方案；另一方面，运用第 5 章给出的模糊风险分析方法计算各个项目的风险值，选出风险最小的项目。第 7 章是结论与展望，总结了本书在模糊多属性决策方法与风险等方面的研究成果，并对有待继续探讨和进一步深入研究的问题进行展望与说明。

本书是在作者的博士学位论文基础上完成的。在本书写作、修改和出版过程中，得到了导师陈新国教授，以及数学学院王绪柱教授和经济管理学院薛晔教授的悉心指导与帮助，向他们表示最衷心的感谢！在此，也特别感谢太原理工大学数学学院对本书出版给予的资助以及各位领导和老师的大力支持！感谢太原理工大学经济管理学院的各位领导和老师的支持与帮助！同时，本书引用和参考了众多专家与学者的大量文献资料，在此一并表示衷心的感谢！

书中难免存在不足之处，恳请读者批评指正。

郝永花

2022 年 1 月于太原

CONTENTS
目 录

第 ❶ 章　绪论

1.1　研究背景

决策是人类的基本活动之一，任何个人、组织（企业或政府机构）都离不开决策。个人的决策关系到个人的成败得失，组织的决策关系到组织的生死存亡，国家的决策关系到国家的兴衰荣辱[1,2]。随着科学技术的日新月异和全球一体化趋势的增强，人类的生存与发展都离不开合理、正确的决策。决策更是管理中经常发生的一种活动，对于组织来说，需要做出一系列的决策，正如西蒙（Simon）认为的，管理是由一系列决策组成的，决策是管理的核心，管理的首要职能是决策[3]。因此，决策实质上是一个"决策—实施—再决策—再实施"的连续不断的循环过程，它贯穿于全部管理活动的始终，存在于管理的各种职能活动中，具有广泛性和重要性。

决策在社会的各个领域被广泛应用。最初，决策者们依据单准则进行决策。到了 20 世纪 50 年代，单准则决策的最优化方法（线性规划、非线性规划和动态规划等）得到了世界的公认，这是现代管理科学的基础[4]。随着决策环境的日益复杂和决策目标的多样化，人们认识到分析与解决某些问题时，只依靠单准则进行决策是不合理的，需要同时识别多个准则，并综合考虑诸多相互制约和相互联系的准则，即决策问题从单准则决策拓展到多准则决策。多准则决策（Multiple Criterions Decision Making，MCDM）是指在多个不能相互替代的准则下进行的决策。按照分类规则的不同，多准则决策可分为多种形式。基于多准则决策问题中存在的有限方案集与无限方案集两种类型，将多准则决策分成两类[5]：多目标决策（Multiple Objective Decision Making，MODM）和多属性决策（Multiple Attribute Decision Making，MADM）。陈珽[6] 把多目标决策和多属性决策分别称为无限方案多目标决策和有限方案多目标决策；而齐寅峰[7] 按照决策变量是连续的还是离散的，把上面两类决策分别称作连续多准则决策和离散多准则决策。本书采用将多准则决策分为多目标决策[5,8,9] 和多属性决策[5] 这种分类方式。其中，多目标决策问题的决策空间一般是连续的，选择余地较大，主要用于研究未知方案的规划设计问题或给定系统的优化问题[5,10]；而多属性决策问题的决策空间一般是离散的，选择余地有限，主要研究已知方案的评价选择或方案的择优问题。

多属性决策作为多准则决策的主要内容之一，用于解决有限个方案在多个有冲突的准则下的决策问题，其实质是利用已有的决策信息，通过一定的方式对一组有限备选方案进行排序并择优。它由两个主要部分构成：①获取属性值和属性权重等决策信息；②通过一定的方式集结决策信息并对方案进行排序和择优。对多属性决策理论与方法的研究，已受到学术界的关注。20 世纪 80 年代初，国外出版了第一本多属性决策专著[5]。多属性决策理论与方法作为现代决策理论与方法的重要分支之一，已在经济、管理、工程和军事等诸多领域，如投资决策[11]、项目评估[11]、供应商选择[12] 和经济效益综合评价[11] 等得到了广泛应用。因此，多属性决策的理论与方法具有广阔的应用前景。

20 世纪 90 年代，随着社会和经济的发展，人们所考虑问题的复杂性、不确定性以及人类思维的模糊性等不断增强，相关学者对既有定性属性又有定量属性的多属性决策问题进行了研究[13,14]，其中一个重要的研究方向是用模糊数学解决含有模糊数据（或不确定信息）的多属性决策问题。例如，在多属性决策问题中，如果方案绩效的评价（Alternative Performance Rating）可能是模糊数或语言表示，则各方案的最终评价就不再是确定数而是模糊数。为此，如何确定各方案的最终评价以及比较各方案的最终评价成为研究的重点，需要用模糊多属性决策方法来解决这类问题。模糊多属性决策方法主要有两步[15]：一是利用模糊多属性决策方法寻找各方案的模糊效用（或模糊最终评价），它们都是模糊数；二是利用模糊排序方法处理前面得到的模糊效用（或模糊最终评价）。此外，还有许多用模糊数学研究多属性决策问题的方法[16,17]，并被应用到项目评估、投资决策、人员考核、经济效益综合评价和产业发展排序等有关方面。因此，模糊多属性决策理论与方法得到了发展并被广泛应用。在实际应用中，对于此类多属性决策问题，其属性值往往难以用确定数给出，常常以不同形式的模糊信息来表达和刻画，具体情况如下。

①由于决策者主观判断的局限性和对事物认识的不充分性，一般很难给出事物的精确信息，此类问题的属性值常被刻画为模糊数形式，如区间数、三角模糊数和梯形模糊数等，而它们都是基于扎德（Zadeh）[18] 提出的模糊集（Fuzzy Sets）给出的。相对于属性值是确定数的情形，属性值是模糊数的情形在处理不确定信息上已表现出较好的性质。

②随着社会经济环境的日益复杂和不确定，使人们在认知事物的过程中，往往存在不同程度的犹豫或一定程度的知识缺乏，于是认知结果往往表现为肯定、否定或介于肯定与否定之间的犹豫三种情况。例如，在选举投票过程中，除了有支持票与反对票，还常常有弃权的情况，对

此类问题的属性值可由直觉模糊数刻画，它是基于直觉模糊集给出的。直觉模糊集（Intuitionistic Fuzzy Sets，IFSs）是阿塔纳索夫（Atanassov）[19,20] 通过拓展 Zadeh[18] 的模糊集理论而建立起来的，由于直觉模糊集的特征是同时考虑了隶属与非隶属两方面的信息，使其在描述事物属性时有更多的选择方式，在处理不确定信息时有更强的表现能力。

③在对直觉模糊集进行深入研究的基础上，在解决某些实际决策问题时，用实数表示直觉模糊集的隶属度与非隶属度依然存在局限性，难以处理不确定信息是区间的问题。又由于决策问题的日益复杂、所含信息的多样性以及决策者掌握知识的能力有限等，使决策者判断事物时，只能给出决策信息的大致范围。对于这种情况，描述事物信息的不确定性时，采用区间数取代实数更为合适，这类问题的属性值常用区间直觉模糊数来刻画，而它是基于区间直觉模糊集给出的。区间直觉模糊集（Interval-valued Intuitionistic Fuzzy Sets，IIFSs）是 Atanassov 和 Gargov[21] 提出的，区间直觉模糊集是直觉模糊集的推广。用区间数表示直觉模糊集的隶属度和非隶属度，在解决不确定信息是区间的多属性决策问题时更有优势。

④随着实际问题的复杂化以及研究者们对区间直觉模糊理论的研究日益深入，人们又提出了各种更具适应性的直觉模糊集，以此来研究多属性决策问题。刘锋和袁学海[22] 提出三角模糊数直觉模糊集，它的隶属度和非隶属度都是三角模糊数。随后，刘培德和左甲[23] 进一步推广了三角模糊数直觉模糊集，将其隶属度与非隶属度用梯形模糊数刻画，从而提出梯形直觉模糊数（Trapezoidal Intuitionistic Fuzzy Numbers，TIFNs）。与基于区间直觉模糊数的模糊多属性决策问题相比，基于梯形直觉模糊数的模糊多属性决策问题具有更广的应用范围。

由上述分析可知，由于所考虑问题的复杂性以及决策者对事物认知程度的不同，决策者给出的模糊评价信息可能表现为区间数、三角模糊数、梯形模糊数、直觉模糊数、区间直觉模糊数和梯形直觉模糊数等形式。但是，对于具有这些属性值的模糊多属性决策问题来说，无论是在理论方法上还是实际应用研究上，目前均仍不完善。因此，针对模糊多属性决策中存在的问题，值得我们进一步深入地研究、探索和寻求新的决策理论与方法，不但可以丰富模糊多属性决策理论与方法，还可将其理论与方法应用到经济、管理、工程和军事等众多领域。

众所周知，只要提到决策，不管是哪种类型的决策，就不得不想到风险。过去的大多数决策都是被作为确定型决策进行研究的，且由于各种影响因素的存在和人类认知能力的有限，大多数决策问题是不确定的，决策者常常需要面对控制不了所有的关键因素、掌握不了全部的相关信息和没有充分的时间反复斟酌等问题，在这些不确定因素的影响下，做任何决策都有风险，且风险可能贯穿于决策的各个职能活动中，只不过对于不同的决策，风险的大小是不一样的。决策者要想做出正确而有效的决策，就必须在决策的过程中通过决策风险管理来防范和降低决策风险。在具体的决策过程中，决策风险是多种多样的，许多风险不易识别且难以度量，这就造成了决策风险的难以控制。因此，如何识别各种各样的风险并对其进行度量，以保证决策的有效性，是决策理论研究中需要解决的问题。现有的决策理论研究中也有对决策风险的度量，但涉及的范围以及复杂性等还远远不够，存在很多不足之处。又因为大多数决策问题都含有很多不确定因素，导致了决策风险的不确定性。为了充分认识和分析决策风险，基于模糊理论对决策风险进行研究是很有必要的，可以为决策者做出正确决策提供理论依据。

综上可知，由于客观事物的日益复杂以及人类思维的模糊性，对模糊多属性决策以及决策风险的度量和分析等问题进行研究在实际决策中是十分重要的，都是值得我们深入探讨和研究的内容。

1.2 研究意义

项目决策是决策者根据既定目标和实际需要，确定投资方向，解决项目问题的过程。决策是管理项目时面临的主要课题之一，从一个项目的酝酿到项目的完成都离不开决策，决策存在于管理工作的各个方面，是项目管理过程的核心，是执行各种管理职能、保证项目顺利运行的基础。决策是否合理、正确，小则影响效率和效益，大则影响项目的成败。如果决策失误或所做的决策不是最优决策，就很容易造成经济上的重大损失。为此，面对千变万化的外部环境，决策者需要收集更多的信息，以便做出科学的决策。既要严格按照项目程序对拟定项目进行科学评估，还要利用科学的手段，优化资金流向，在众多的项目中优胜劣汰，做出正确、合理的决策。本书首先基于模糊理论对多属性决策方法和决策风险等问题进行研究，提出了两种模糊多属性决策方法，然后从决策风险度量的角度出发，给出了决策风险的度量方法以及模糊风险的分析方法，最后将其应用于项目方案的选择和项目的风险评估中。这些内容丰富了决策理论体系，为决策者进行实际决策提供了理论依据和方法参考，使决策者在面对复杂多变的环境时，能够运筹帷幄，做出合理、正确的决策，减少由决策错误或滞后带来的经济损失，在项目方案的选择和项目的风险分析等方面都具有十分重要的理论意义、方法意义和现实意义。

①针对现实决策环境中存在的模糊性因素以及实际决策中存在的评价属性间关系错综复杂等问题，本书为了减少项目决策过程中重要信息的缺失，将在模糊环境下，对多属性决策理论与方法、决策风险度量以及模糊风险分析等方面进行研究，给出合理、有效、可行的决策方法，丰富和发展模糊多属性决策理论与方法，完善决策理论体系，为备选方

案的选择和项目风险的评估提供理论支持，具有重要的理论意义和方法意义。

②由于外部环境的不确定性，任何项目都会面临各种各样的风险。当今项目建设所处的社会、技术和经济环境发生了巨大的变化，决策者不可能准确地预见未来，在项目实施过程中会遇到各种各样的决策问题，要求决策者及时、准确地给出解决方案，以保证项目顺利实施。针对实际决策过程中可能出现的属性信息不完整、属性值表达形式多样化和属性值无法集成等问题，将传统的多属性决策方法拓展到模糊或不确定环境中并得到项目方案的排序，从而选出一个最佳备选方案，讨论项目的决策风险等内容，使决策者在进行项目决策时，能够合理地运用相应决策方法或模型，对备选方案做出正确的选择，减少决策失误，降低决策风险，对项目管理具有重要的现实意义。

1.3 国内外研究综述

1.3.1 基于区间直觉模糊数的模糊多属性决策方法研究综述

1. 区间直觉模糊数的排序问题综述

20 世纪 70 年代早期，研究者们开始研究模糊排序法[24,25]。随后，许多学者提出模糊数的比较与排序法[26-29]。20 世纪 90 年代，Chen 和 Hwang[30] 出版了模糊多属性决策方面的专著，对模糊多属性决策方法进行了系统的综述，收集了模糊多属性决策方法和模糊排序法的相关文献。我国学者也给出了很多模糊量的排序指标[31-37]。虽然这些模糊量排序指标在形式上有所不同，但它们实际上都是将所涉及的模糊数以某种方式转化为实数，再对实数进行比较[38]。由于直觉模糊集是模糊集的推广，模糊集是直觉模糊集的特殊情形。基于 Atanassov[19,20] 引入的直觉模糊集的概念，研究者们给出了很多直觉模糊数的排序方法[39-43]。例如，Chen 和 Tan[44] 定义了直觉模糊数的得分函数概念。Hong 和 Choi[45] 改进了 Chen 和 Tan 给出的得分函数，定义了直觉模糊数的精确函数概念，以此来比较直觉模糊数的大小。谭吉玉等[46] 结合传统的逼近理想解排序法（TOPSIS）思想，给出了基于海明距离的直觉模糊数排序方法。单玉莹和裴道武[47] 阐述了直觉模糊数排序方法的合理性。虽然直觉模糊集与模糊集相比有一定的优势，但在解决不确定信息是区间的问题时，直觉模糊集仍存在局限性。于是，Atanassov 和 Gargov[21] 提出了区间直觉模糊集的概念。在该概念的基础上，徐泽水[48] 给出了区间直觉模糊数的得分函数和精确函数的概念，提出了区间直觉模糊数的一种简单排序方法。Lee[49] 给出了区间直觉模糊数的得分函数和偏差函数的概念，根据得分函数值和偏差函数值对区间直觉模糊数进行排序。文献［50，51］考虑了犹豫度对区间直觉模糊数的影响，分别提出了两个不同的评价函数，依据评价函数值对区间直觉模糊数进行排序。文献［52，53］将区间数的可能度用到区间直觉模糊数的排序中，建立了区间直觉模糊数可能度公式，给出区间直觉模糊数的排序。魏艳艳等[54] 利用区间数描述得分函数和精确函数，在此基础上定义了区间直觉模糊数的可能度，提出了一种基于可能度的区间直觉模糊数排序方法。

2. 基于区间直觉模糊数的模糊多属性决策方法研究

在多属性决策问题的信息集结中，算子理论起着非常重要的作用。算子是多属性决策中信息集结的一种有效方法。根据需要，人们提出了算术平均算子、几何平均算子以及调和平均算子等一些简单的算子来集结各种信息。1988 年，Yager[55] 提出了有序加权平均（OWA）算子。

文献［56，57］引入了有序加权几何（OWG）算子。在此基础上，算子相关理论引起了决策者们的广泛关注。

随着社会信息量的不断加大，由于各种信息的重要程度不同，人们引入了权重的概念，用来反映各种信息的重要程度。随后演变出更加复杂的加权算术平均（WAA）算子、加权几何平均（WAG）算子，以及既考虑信息自身重要程度又考虑其位置的重要性的组合加权算术平均算子及组合加权几何平均算子等，如导出有序加权算术平均（IOWA）算子[58]、导出有序加权几何平均（IOWG）算子[59]、组合有序加权算术平均（COWA）算子[11]和组合有序加权几何平均（COWG）算子[11]，所有这些信息集结算子都具有良好的性质，并已被应用到多属性决策问题中。

然而，以上算子处理的是信息为精确值的集结问题。由于客观世界的复杂性和人类思维的不确定性，在处理一些问题时所得到的信息往往具有模糊性。因此，基于 Zadeh[18] 的模糊集理论，徐泽水、达庆利将一些常用的信息集结算子推广到不确定或模糊环境中，如不确定有序加权平均（UOWA）算子[60]、不确定有序加权几何（UOWG）算子[61]、模糊有序加权平均（FOWA）算子[62]、模糊有序加权几何（FOWG）算子[63]和梯形模糊有序加权平均（TFOWA）算子[64] 等。

Zedeh[18] 提出的模糊集是通过隶属度来刻画的，不能同时表示支持或反对；而直觉模糊集在模糊集的基础上增加了非隶属度，能更好地描述和刻画客观世界的模糊本质，被广泛应用于决策科学领域的信息集结和决策推理。基于 Atanassov 提出的直觉模糊集，徐泽水研究了一些算术集结算子，提出了直觉模糊算术平均（IFAA）算子[65]、直觉模糊加权算术平均（IFWAA）算子[64]、直觉模糊有序加权平均（IFOWA）算子[66]和直觉模糊混合集结（IFHA）算子[65] 等。Xu 和 Yager[67] 也讨论了直觉模糊集下的几何集结算子，给出了直觉模糊加权几何（IFWGA）算子和直觉模糊有序加权几何平均（IFOWGA）算子等。

由于客观事物具有复杂性和不确定性，有时很难用精确的实数表示直觉模糊集的隶属度与非隶属度，需要用区间数来刻画。1989年，Atanassov和Gargov[21]对直觉模糊集进行了拓展，将隶属度和非隶属度由实数推广到区间数，提出区间直觉模糊集的概念。1994年，Atanassov[68]给出了区间直觉模糊集的一些基本运算规则。随后，许多研究者开始对基于区间直觉模糊数的多属性决策问题进行研究。徐泽水[48]通过研究区间直觉模糊数的集结问题，提出了区间直觉模糊算术平均（IIFAA）算子、区间直觉模糊加权平均（IIFWA）算子、区间直觉模糊几何平均（IIFGA）算子和区间直觉模糊加权几何（IIFWG）算子，并将它们应用于决策中。徐泽水和陈剑[69]提出了区间直觉模糊有序加权平均（IIFOWA）算子和区间直觉模糊混合集结（IIFHA）算子，给出了其相关性质和相应的决策方法。Xu和Chen[70]提出了区间直觉模糊有序加权几何（IIFOWG）算子和区间直觉模糊混合几何集结（IIF-HG）算子，并分析了其性质。王坚强[71]基于直觉模糊集的证据推理方法，将其推广到区间直觉模糊集的多属性决策问题中。胡辉和徐泽水[72]给出了区间直觉模糊数间的距离公式，提出了基于TOPSIS的区间直觉模糊多属性决策方法。针对权重信息不完全且属性值为直觉模糊数的问题，Xu[73]定义了直觉模糊理想解，利用它和距离测度构建了一些优化模型来计算属性权重，讨论了不同情形下的方案排序，并将这些方法推广到区间直觉模糊数的多属性决策中。万树平[74]建立了基于区间直觉梯形模糊数的多属性决策模型，提出了相应的决策方法。魏艳艳等[54]基于区间直觉模糊数的可能度，给出了区间直觉模糊信息环境下的多属性决策方法。康婧等[75]给出了新的区间直觉模糊数精确函数的概念，研究了精确函数的性质，并将其运用于区间直觉模糊多属性决策问题中。高明美等[76]基于改进的区间直觉模糊熵和新得分函数，提出了一种决策方法。李沃源和乔剑敏[77] 运用区间直觉模糊数的得分函数建立优化模型，得出属性权重，再用区间直觉模糊数加权平均算子集结区间直觉模糊信息，进而得到方案的排序。

1.3.2 基于梯形直觉模糊数的模糊多属性决策方法研究综述

1. 梯形直觉模糊数的排序问题综述

2007 年，刘锋和袁学海[22] 提出三角模糊数直觉模糊集，用三角模糊数来刻画它的隶属度和非隶属度，给出了其相关运算性质，讨论了其与直觉模糊集以及区间直觉模糊集之间的关系。梯形模糊数作为模糊数的基本形式，区间数和三角模糊数都可以看作其特殊情况。于是，刘培德和左甲[23] 对三角模糊数进行了进一步推广，用梯形模糊数表示直觉模糊数的隶属度与非隶属度，提出了梯形直觉模糊数的概念，定义了梯形直觉模糊数的得分函数和精确函数，提出了梯形直觉模糊数的比较方法。黎昌珍和梁家荣[78] 提出了梯形直觉模糊数新的排序记分函数，给出了梯形直觉模糊数的排序方法。

2. 基于梯形直觉模糊数的模糊多属性决策方法研究

在对区间直觉模糊数理论进行深入研究的基础上，为了适应复杂的实际问题，研究者们又给出了更具适应性的其他直觉模糊数形式。基于刘锋和袁学海[22] 提出的三角直觉模糊数，一些常用的信息集结算子被推广到三角直觉模糊数。例如，Zhang 和 Liu[79] 定义了三角直觉模糊数的加权算术平均算子和加权几何平均算子。Wang[80] 给出了模糊数直觉模糊加权算术平均（FIFWA）算子、模糊数直觉模糊有序加权算术平均（FIFOWA）算子以及模糊数直觉模糊混合算术（FIFHA）算子。汪新凡[81] 给出了模糊数直觉模糊加权几何（FIFWG）算子、模糊数直觉模糊有序加权几何（FIFOWG）算子以及模糊数直觉模糊混合几何（FIFHG）算子。随后，刘培德和左甲[23]对三角直觉模糊数进行推广，提出梯形直觉模糊数，给出了梯形直觉模糊加权算术平均（TIFWAA）算子，梯形直觉模糊加权二次平均（TIFWQA）算子、梯形直觉模糊有序加权二次平均（TIFOWQA）算子以及梯形直觉模糊混合加权二次平均（TIFHQA）算子，研究了它们的相关性质，给出了不确定语言变量与梯形直觉模糊数的转化关系，分别基于 TIFWAA 算子、TIFWQA 算子和 TIFHQA 算子，给出了多属性决策的新方法，为属性值是梯形直觉模糊数的多属性决策问题的研究提供了新途径。黎昌珍和梁家荣[78]引入模糊测度的概念，提出梯形直觉模糊数的新排序记分函数，给出梯形直觉模糊数的关联有序加权算术平均算子和梯形直觉模糊数的关联有序加权几何平均算子，并讨论了它们的相关性质，得到基于关联加权的梯形直觉模糊集成算子的群决策方法。

1.3.3　基于模糊理论的决策风险度量方法研究综述

决策与风险是分不开的，有决策就会有风险。因此，在决策中，有必要对其风险进行研究和讨论。但是，目前把风险作为决策时必须考虑的因素进行研究的理论还较少。在决策活动中，存在很多不确定因素，决策者对这些不确定信息的掌握程度影响着决策活动风险的大小。按决策者对信息的掌握程度，决策可分为确定型决策、风险型决策和不确定型决策三种[82]。当研究风险型决策和不确定型决策时，会遇到一定的风险。目前，决策风险理论体系缺乏系统性，相关研究较少，可能只是对决策风险的某一方面进行讨论，如如何降低决策风险[83]、决策风险的要素分析[84,85]等。

决策风险是由事件的不确定性和损失的不确定性所导致的。一方面，随机性与模糊性是不确定性的主要表现。很多研究者利用信息熵和模糊熵分别度量风险的随机不确定性和模糊不确定性。李英华等[86] 讨论了用信息熵度量风险的合理性，给出了风险度量模型，说明该模型对不同的行为主体能有效地度量金融风险。基于模糊熵，王迪[87] 建立了风险测度的投资组合优化模型，用于度量证券风险。但是，信息熵[88,89] 和模糊熵[88,89] 分别只考虑不确定性的某一方面。实际应用中，对于很多事件来说，其随机性和模糊性是同时存在的，即事件有两种不确定性[90,91]：一是与事件发生的概率相关，二是与判断事件具有某种特性的程度相关，这两种不确定性综合起来的信息测度称为混合熵。1972 年，De Luca 和 Termini[92] 基于信息论和模糊集合论建立了混合熵，它是度量概率性分布和模糊性分布所表现出的总体不确定性的一种综合指标，可用于度量和研究风险的不确定性。基于模糊集理论，杜先进等[93] 阐述了 R&D 项目的模糊性及不确定性，构建了分别用模糊熵、模糊实物期权和模糊净现值度量风险、收益以及费用的多目标 R&D 项目组合选择优化数学模型。在模糊不确定环境下，王迪[87] 结合随机不确定性，给出以方差—混合熵为风险度量的证券投资组合模型。另一方面，通常情况下，风险与损失的不确定性是相互关联的，Fischer[94] 基于风险收益的均值和低于均值的标准化下偏矩建立了风险度量。万上海[95] 引入新目标收益（率），改进了 Fishburn 风险度量。Yang 和 Qiu[96] 将信息熵引入风险型决策理论中，给出了风险行动的期望效用—熵风险度量，并在该风险度量的基础上，建立了风险决策模型。另外，由于不同决策者对待风险的态度不同，得到的决策风险值也就不同。基于期望效用—熵模型的决策者风险态度，杨继平和王中魁[97] 给出了反映决策者风险态度的期望效用—熵平衡系数的度量方法。

1.3.4 基于区间梯形模糊数的模糊风险分析研究综述

1984 年，Schmucker[98] 最先提出了处理模糊风险分析问题的方法。

随后，许多研究者开始关注该方法。模糊数的相似度一直是模糊风险分析问题研究的热点。通常，研究者利用模糊数表示每个组件的子组件的风险，且通过计算模糊数之间的相似度来讨论模糊风险分析问题。例如，Chen[99] 基于模糊数的几何距离，给出了模糊数之间的相似度。Lee[100] 基于梯形模糊数，提出了一种相似度的计算方法。Chen 和 Chen[101] 基于广义梯形模糊数的单重心法（The Simple Centre of Gravity Method，SCGM），得出广义梯形模糊数间的相似度，且 Chen 和 Chen[102] 基于广义模糊数的相似度来讨论模糊风险分析问题。杜峰等[103] 引入 Hausdroff 距离，给出新的相似度公式，提出了一种度量扩展（广义）模糊数相似性的新方法。Wei 和 Chen[104] 基于广义梯形模糊数的周长，给出广义梯形模糊数之间的相似度。Hejazi 等[105] 在广义梯形模糊数的几何距离、周长和面积的基础上，提出广义梯形模糊数的相似度。Khorshidi 和 Nikfalazar[106] 改进了 Hejazi 等[105] 提出的上述方法。上述风险评估方法都是用（广义）模糊数刻画的。

近年来，研究者在解决模糊风险问题时，开始运用区间模糊数，由于区间模糊数比（广义）模糊数更灵活，因此得到了研究者的广泛关注。2002 年，Yao 和 Lin[107] 提出了区间模糊数，Wei 和 Chen[108] 给出了度量区间模糊数之间相似度的方法。Chen 和 Chen[109] 提出了区间梯形模糊数间相似度的度量方法。Chen 和 Sanguansat[110] 也给出了区间梯形模糊数间的相似度，用来研究模糊风险分析问题。上述模糊风险分析问题是基于模糊数的相似度进行研究，同时基于模糊数排序的模糊风险分析也是研究的热点，具体可参见文献 [111，112]。另外，模糊风险分析在实际中也有较广泛的应用。例如，Carrl 和 Tah[113] 利用模糊逻辑的近似推理方法，针对河流系统的季节水质管理问题提出了一个模糊风险分析模型。

1.3.5 对现有研究的评述

通过以上文献综述可以看出，目前对多属性决策体系的研究虽已取得较丰硕的成果，但仍存在以下问题，有待进一步完善和发展。

1. 模糊多属性决策方法研究评述

①传统的多属性决策方法无法解决属性信息表达形式复杂多样的问题，对于模糊信息或语言化信息的问题，属性信息存在无法集成的问题以及如何实现模糊信息或语言化信息的合理生成等问题。本书为了解决属性信息是模糊信息的集成问题，推广组合有序加权算术平均（COWA）算子、组合有序加权几何平均（COWG）算子、导出有序加权算术平均（IOWA）算子和导出有序加权几何平均（IOWG）算子四个算子，以此来集结模糊信息的属性值。

②对三角模糊数、梯形模糊数、直觉模糊数、区间直觉模糊数或梯形直觉模糊数等各种类型模糊数的比较和排序的方法还不完善。在此基础上，本书给出了区间直觉模糊数的排序函数以及梯形直觉模糊数的可能度公式，分别用来比较这两类模糊数。

③对现有多属性决策方法的研究大多数集中于属性值为实数、区间数、语言型变量以及一般模糊数的情况，对属性不确定性的刻画程度不足，属性信息的表达形式需要进一步发展。鉴于此，为适应属性信息是三角模糊数、梯形模糊数、直觉模糊数、区间直觉模糊数或梯形直觉模糊数等情况，有必要考虑属性值是以这些模糊数形式给出的多属性决策问题。本书对属性值是区间直觉模糊数或梯形直觉模糊数的模糊多属性决策问题进行研究，给出备选方案排序的新方法。

④模糊多属性决策理论与方法的提出是为了更好地解决实际问题，但现有的模糊多属性决策方法大多停留在理论层面，用于实际问题的决

策理论与方法、定量评价指标体系和决策体系等较为缺乏且不完善。因此，有必要将模糊多属性决策方法应用于实际问题并解决现实问题，本书将给出的基于区间直觉模糊数或梯形直觉模糊数的多属性决策方法应用到项目决策中。

2. 基于模糊理论的模糊风险分析研究评述

①模糊互补判断矩阵在决策中经常使用，例如，运用模糊层次分析法求权重或讨论决策风险时，常常涉及模糊互补判断矩阵的一致性问题。然而，实际决策中的一致性有时是很难达到的。因此，在实际决策中，对模糊互补判断矩阵的一致性程度进行研究是很有必要的，本书给出了基于模糊蕴涵的模糊互补判断矩阵的一致性程度定义，为模糊互补判断矩阵的一致性研究提供了新思路。

②现有文献中关于决策风险的研究，为我们认识决策风险提供了一些理论依据和指导，但从决策风险的理论基础、形成机制、度量等角度考虑的较少。为此，本书提出了基于混合熵和 l^p 距离的决策风险度量法，为决策风险的度量提供了新方法。

③文献中已有的是广义梯形模糊数的相似度，而区间梯形模糊数作为广义梯形模糊数的一个推广形式，其在解决模糊风险分析问题时，比广义模糊数更加灵活。目前，基于广义模糊数的相似度的模糊风险分析方面的研究已经有许多理论和方法，但基于区间梯形模糊数的相似度的模糊风险分析的研究还较少，尤其是在应用方面，基于区间梯形模糊数来讨论项目选择中的模糊风险分析问题的情况很少。为此，有必要对此问题进行深入研究，本书对项目的模糊风险分析问题进行研究，给出基于区间梯形模糊数的模糊风险分析的具体方法，并分析项目的风险评估问题。

1.4 研究内容

基于模糊理论，本书对多属性决策方法、决策风险以及模糊风险分析等问题进行研究，具体工作如下。

第 1 章：绪论。本章主要阐述本书的研究背景和研究意义，对基于区间直觉模糊数的模糊多属性决策方法、基于梯形直觉模糊数的模糊多属性决策方法、基于模糊理论的决策风险问题以及基于区间梯形模糊数的模糊风险分析等问题的国内外研究现状进行综述，介绍本书的研究内容、研究方法、技术路线以及创新点。

第 2 章：相关理论基础。本章主要介绍模糊数、模糊关系和模糊多属性决策等模糊数学相关理论以及决策风险和模糊风险分析等相关理论，为后续章节的研究打下基础。

第 3 章：基于区间直觉模糊数的模糊多属性决策方法。本章定义区间直觉模糊数的排序函数，推广 COWA 算子和 COWG 算子，并运用 COWA 算子或 COWG 算子的推广形式，提出基于区间直觉模糊数的模糊多属性决策方法。

第 4 章：基于梯形直觉模糊数的模糊多属性决策方法。本章定义梯形直觉模糊数的可能度，推广 IOWA 算子和 IOWG 算子，并运用 IOWA 算子或 IOWG 算子的推广形式，提出基于梯形直觉模糊数的模糊多属性决策方法。

第 5 章：基于模糊理论的决策风险研究。本章在模糊蕴涵的基础上，定义模糊互补判断矩阵的一致性程度，讨论模糊互补判断矩阵的一致性程度与其逆矩阵、补矩阵和对偶矩阵的一致性程度之间的关系。基于混合熵和 l^p 距离，给出一种新的决策风险度量方法。另外，提出区间梯形模糊数的相似度定义，计算出每个组件与用区间梯形模糊数表示的语言术语间的相似度，选出相似度的最大值，得到风险最大的组件。

第 6 章：在项目选择中的应用示例。针对具体项目中的问题，运用第 3 章、第 4 章和第 5 章的方法研究项目中备选方案的选择以及项目的模糊风险分析问题等，说明这些方法的有效性、可行性和实用性。

第 7 章：结论与展望。一方面，总结本书的研究内容和成果；另一方面，提出本书研究的不足之处以及未来研究的发展方向。

1.5　研究方法与技术路线

1.5.1　研究方法

本书是在模糊情况下研究多属性决策问题和决策风险问题，主要采用算子理论方法、区间直觉模糊数排序法和梯形直觉模糊数比较法进行研究。

1. 算子理论方法

为了集结区间直觉模糊数或梯形直觉模糊数形式的属性值，本书推广传统情况下的四个算子，即 COWA 算子、COWG 算子、IOWA 算子和 IOWG 算子到模糊环境中。例如，将 COWA 算子推广到区间直觉模糊数上，得到区间直觉模糊组合有序加权算术平均（IIFCOWA）算子，可以用来解决属性值为区间直觉模糊数的集结问题。

2. 区间直觉模糊数排序法

为了对区间直觉模糊数进行排序，本书利用模糊数排序理论，给出区间直觉模糊数的排序函数的概念，得到区间直觉模糊数的一种新的排序方法，并运用该方法研究基于区间直觉模糊数的模糊多属性决策问题。

3. 梯形直觉模糊数比较法

为了比较梯形直觉模糊数，本书利用模糊数排序理论，给出梯形直觉模糊数的可能度的概念，得到梯形直觉模糊数的一种新的比较方法，并运用该方法研究基于梯形直觉模糊数的模糊多属性决策问题。

4. 区间梯形模糊数的相似度度量方法

为了讨论模糊环境下的决策风险问题，本书提出区间梯形模糊数相似度的一种新的度量方法，运用该方法计算每个组件的总风险与用九个区间梯形模糊数刻画的语言术语间的相似度，选出风险最小的组件，解决基于区间梯形模糊数的模糊风险问题，为风险的研究提供新方法。

1.5.2 技术路线

本书的技术路线如图 1.1 所示。

1.6 研究的创新点

本书创新性的研究成果总结如下。

①对 COWA 算子和 COWG 算子进行推广，提出了属性值为区间直觉模糊数的模糊多属性决策方法。该创新点主要给出了区间直觉模糊数排序函数的概念，为区间直觉模糊数的排序提供了新方法；推广 COWA 算子和 COWG 算子，得到 IIFCOWA 算子和区间直觉模糊组合有序加权几何平均（IIFCOWG）算子，分别用 IIFCOWA 算子或 IIFCOWG 算子集结区间直觉模糊数形式的属性值，进而得出各方案的综合属性值，最终选出最优方案，并将该方法应用到属性值是区间直觉模糊数的项目方案选择中，为决策者对属性值是区间直觉模糊数形式的方案选择提供新方法。

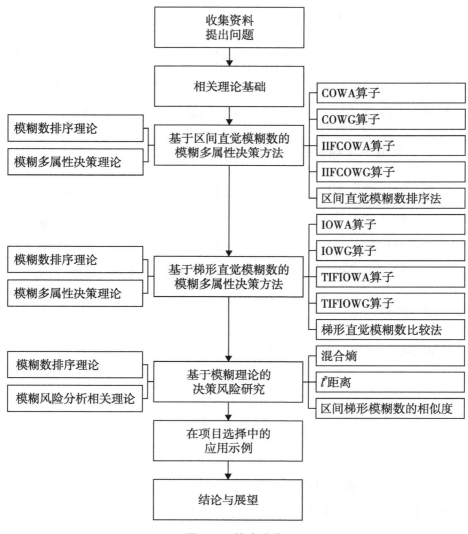

图 1.1　技术路线

②对 IOWA 算子和 IOWG 算子进行推广，提出了属性值为梯形直觉模糊数的模糊多属性决策方法。该创新点主要给出了梯形直觉模糊数可能度的概念，用来比较梯形直觉模糊数；推广 IOWA 算子和 IOWG 算子，得到梯形直觉模糊导出有序加权算术平均（TIFIOWA）算子和梯

形直觉模糊导出有序加权几何平均（TIFIOWG）算子，分别用 TIFIO-WA 算子或 TIFIOWG 算子集结梯形直觉模糊数形式的属性值，进而得出各方案的综合属性值，最终选出最优方案，并将该方法应用到属性值是梯形直觉模糊数的项目方案选择中，为决策者对属性值是梯形直觉模糊数形式的方案选择提供新方法。

③基于混合熵和 l^p 距离，提出一种新的风险度量方法，并提出区间梯形模糊数相似度的一种新的度量方法。该创新点中给出的风险度量方法，是用混合熵度量风险的随机不确定性和模糊不确定性，用 l^p 距离度量风险的损失，并结合决策者的风险态度给出的一种风险度量方法，该方法较全面地考虑了决策风险的若干方面，并将该方法应用到项目方案的风险度量中。另外，为了解决基于区间梯形模糊数的模糊风险分析问题，本书利用由九个区间梯形模糊数表示的语言术语来刻画该问题中每个子组件的失效概率和损失严重性，进而综合得出组件的总风险，运用提出的区间梯形模糊数相似度新方法，计算每个组件与各语言术语间的相似度，选出这些相似度中的最大者，相应得出组件总风险最大者的语言表达，并将其应用到项目风险评估中，为决策者度量项目风险、选择项目以及防范和控制决策风险提供理论依据。

第 ❷ 章　相关理论基础

2.1　模糊数学相关理论

2.1.1　模糊数

1. 模糊数的概念

定义 2.1[82,114,115]　设 X 为论域，若映射 $\mu_A:X \rightarrow [0,1], x \rightarrow \mu_A(x) \in [0,1]$，称 μ_A 确定 X 上的一个模糊集 A，μ_A 称为模糊集 A 的隶属函数，$\mu_A(x)$ 称为 x 对模糊集 A 的隶属度。一般 $\mu_A(x)$ 也简记为 $A(x)$。

设论域 X 上的全体模糊集构成的集合记为 $F(X)$。实数集 R 上的模糊集称为模糊量。[115]

定义 2.2[115]　设 A 是 X 上的模糊集，对 $\alpha \in [0,1], A_\alpha = \{x | \mu_A(x) \geqslant \alpha\}$ 称为 A 的 α - 截集。$\sup p(A) = \{x | \mu_A(x) > 0\}$ 称为 A 的支集。$hgt(A) = \sup\limits_{x \in X} \mu_A(x)$ 称为 A 的高度。

定义 2.3[115]　若模糊量 A 满足：对 $\alpha \in (0,1], A_\alpha = \{x | \mu_A(x) \geqslant \alpha\}$ 是闭区间，则称 A 为模糊数。

本书涉及的几类重要模糊数如下。

（1）三角模糊数

三角模糊数的隶属函数 μ_A 可以表示为

$$\mu_A(x) = \begin{cases} \dfrac{x-a}{b-a}, & x \in [a,b] \\[2mm] \dfrac{x-c}{b-c}, & x \in [b,c] \\[2mm] 0, & 其他 \end{cases} \tag{2.1}$$

则 A 是一个三角模糊数，记为 (a,b,c)，如图 2.1 所示。

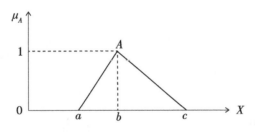

图 2.1　三角模糊数 A

三角模糊数的运算规则：设 A_1、A_2 是两个三角模糊数，$A_1 = (a_1, b_1, c_1)$，$A_2 = (a_2, b_2, c_2)$，则它们的加法和数乘仍为三角模糊数，且有

$$A_1 \oplus A_2 = (a_1 + a_2, b_1 + b_2, c_1 + c_2) \tag{2.2}$$

$$\lambda \otimes A_1 = (\lambda a_1, \lambda b_1, \lambda c_1), (\lambda > 0, \lambda \in R) \tag{2.3}$$

（2）梯形模糊数

梯形模糊数的隶属函数 μ_A 可以表示为

$$\mu_A(x) = \begin{cases} \dfrac{x-a}{b-a}, & x \in [a,b] \\[2mm] 1, & x \in [b,c] \\[2mm] \dfrac{x-d}{c-d}, & x \in [c,d] \\[2mm] 0, & \text{其他} \end{cases} \qquad (2.4)$$

则 A 是一个梯形模糊数，记为 (a,b,c,d)，如图 2.2 所示。

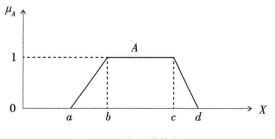

图 2.2　梯形模糊数 A

注 2.1　梯形模糊数 $A = (a,b,c,d)$，描述的是大约在 b 与 c 之间的概念。其中，$b-a$ 和 $d-c$ 分别表示梯形模糊数 A 的左宽度和右宽度。

若 $A = (a,b,c,d)$ 为梯形模糊数，则它的一种去模糊化方式为[116]：

$$R(A) = \frac{1}{4}(a+b+c+d) \qquad (2.5)$$

注 2.2　在实际决策过程中，对模糊信息不能直接决策，常常将模糊数转化为实数后再进行决策，式（2.5）将在第 5.2 节决策风险的度量中用到。

（3）直觉模糊数

定义 2.4[19]　设 X 是论域，若 $\mu_A : X \to [0,1]$，$\nu_A : X \to [0,1]$ 和 $0 \leqslant \mu_A(x) + \nu_A(x) \leqslant 1$，$\forall x \in X$，则称 $A = \{ <x, \mu_A(x), \nu_A(x)> | x \in X\}$ 是直觉模糊集。

$\mu_A(x)$ 和 $\nu_A(x)$ 分别表示 x 属于 A 的隶属度和非隶属度。$1 - \mu_A(x) - \nu_A(x)$ 表示 x 属于 A 的犹豫度或不确定度。

显然，如果 $1 - \mu_A(x) - \nu_A(x) = 0$，则直觉模糊集 A 是一个模糊集。

若 $A = \{ <x, \mu_A(x), \nu_A(x)> | x \in X\}$ 是直觉模糊数，则 X 中 x 属于 A 的隶属度 $\mu_A(x)$ 和非隶属度 $\nu_A(x)$ 所组成的有序对 $(\mu_A(x), \nu_A(x))$ 称为直觉模糊数[67]。为方便起见，直觉模糊数记作 (a, b)，此处 $a, b \in [0, 1]$，且 $0 \leqslant a + b \leqslant 1$。

例如，某　投票问题，假设有 10 人参与投票，其中 5 人投赞成票，3 人投反对票，2 人选择弃权，则可采用直觉模糊数 $(0.5, 0.3)$ 表示。

2. 模糊量排序

（1）模糊量排序思想

在模糊决策中，模糊量特别是模糊数常被用于对备择对象的性能进行构模，于是备择对象的选择或排序则最终归结为模糊量的排序问题[38]。例如，在多准则决策分析中，设 x_1，x_2，$\cdots$，x_m 是 m 个备择对象，C_1，C_2，$\cdots$，C_n 是决策所依据的 n 个准则，则一个多准则决策问题可通过下列矩阵来描述：

$$\boldsymbol{R} = (r_{ij})_{m \times n} = \begin{bmatrix} r_{11} & r_{12} & \cdots & r_{1n} \\ r_{21} & r_{22} & \cdots & r_{2n} \\ \vdots & \vdots & & \vdots \\ r_{m1} & r_{m2} & \cdots & r_{mn} \end{bmatrix}$$

式中，r_{ij} 表示 x_i 相对于 C_j 的估值。为反映各准则的重要性，令 $v_j \in [0,1]$ ($j = 1, 2, \cdots, n$) 表示 C_j 的权重。已知这些信息，目前有多种方法可以求得每个 x_i 总体性能的估值。例如，简单加权平均就是一种常用的方法，在这种方法中，x_i 总体估值计算为

$$R_i = \sum_{j=1}^{n} v_j r_{ij}, \ (i = 1, 2, \cdots, m)$$

通过对数值 R_1，R_2，$\cdots$，R_m 的比较，就可以对备择对象 x_1，x_2，$\cdots$，x_m 进行选择或排序。但是，在一个实际问题中，由于系统的复杂性、所获得数据的不完全性以及人类思维的模糊性等原因，r_{ij} 或 v_j 有时很难给出精确值。当所获得数据不精确时，可以用模糊量特别是模糊数对 r_{ij} 或 v_j 进行构模，从而得到模糊加权平均模型[26]。在该模型中，模糊量的代数运算通过扩展原理来定义，最终得到 x_1，x_2，$\cdots$，x_m 的性能估值 R_1，R_2，$\cdots$，R_m 仍为模糊量，由于模糊量已无自然序，所以需要寻找合适的方法确定 R_1，R_2，$\cdots$，R_m 的序关系，以得到备择对象 x_1，x_2，$\cdots$，x_m 的排序，这就是模糊量的排序问题[38]。

（2）模糊量排序指标

假设 A_1，A_2，$\cdots$，A_n 是要排序的模糊量。简单来说，所有排序指标可分为三种类型[115]。

第一类：$F: A \rightarrow R$ 称作排序函数，它将每个 A_i 转化成实数 $F(A_i)$ 作为排序指标，然后按照实数 $F(A_1)$，$F(A_2)$，$\cdots$，$F(A_n)$ 的自然顺序对 A_1，A_2，$\cdots$，A_n 进行简单排序。例如，Yager[117] 提出的指标为

$$Y(A_i) = \int_0^{hgt(A_i)} M((A_i)_\alpha) d(A_i)_\alpha$$

式中，$hgt(A_i)$ 是模糊量 A_i 的高度；$M((A_i)_\alpha)$ 是截集 $(A_i)_\alpha$ 的平均值，且 $\alpha \in [0,1]$。

第二类：定义一些参考集，通过比较 A_i 和参考集，形成排序指标来评估 A_i。例如，Jain[24,25] 定义模糊最大集为

$$A_{\max}(x) = \left(\frac{x}{x_{\max}}\right)^k, \; (x \in \bigcup_{i=1}^{n} \sup p(A_i))$$

然后比较 A_i 与 $A_{\max}$ 的接近性，得出排序指标为

$$J(A_i) = \sup \min(A_{\max}(x), A_i(x))$$

第三类：R 是 $A \times A$ 上的模糊关系，作为排序指标对 A_i 和 A_j 成对比较。如果涉及两个以上模糊量，A_1，A_2，$\cdots$，A_n 最终的排序可以通过一些特别的程序得到。例如，Sadde 等[118] 构造的模糊关系为

$$Rss(A_i, A_j) = d_H(\overline{A_i}, \max(\overline{A_i}, \overline{A_j}) + d_H(\underline{A_i}, \max(\underline{A_i}, \underline{A_j}))$$

其中，对 A_i、A_j，$d_H(A_i, A_j)$ 表示 A_i 与 A_j 之间的海明距离；对模糊量 A，记号 $\overline{A}$ 和 $\underline{A}$ 分别表示 $\forall x \in R$，$\overline{A}(x) = \sup\limits_{y \geq x} A(y)$，$\underline{A}(x) = \sup\limits_{y \leq x} A(y)$。

3. 模糊数推广

(1) 区间直觉模糊数

定义 2.5[21]　设 X 是论域，$D[0,1]$ 是 $[0,1]$ 上的所有闭子区间构成的集合，且 $\mu_A : X \to D[0,1]$，$\nu_A : X \to D[0,1]$ 和 $\sup \mu_A(x) + \sup \nu_A(x) \leq 1$，$\forall x \in X$，则 $A = \{ < x, \mu_A(x), \nu_A(x) > | x \in X\}$ 称作区间直觉模糊集。

由定义 2.4 和定义 2.5 可知，区间直觉模糊集是直觉模糊集的推广。

若 $A = \{< x, \mu_A(x), \nu_A(x) > | x \in X\}$ 是区间直觉模糊集，则 X 中 x 属于 A 的隶属度 $\mu_A(x)$ 和非隶属度 $\nu_A(x)$ 所组成的有序对 $(\mu_A(x), \nu_A(x))$ 称为区间直觉模糊数，记为 $(\mu_A(x), \nu_A(x))$[48]。为方便起见，区间直觉模糊数记作 $([a,b],[c,d])$，此处 $[a,b] \in D[0,1]$，$[c,d] \in D[0,1]$，且 $b + d \leqslant 1$。

定义 2.6[48]　设 $A_1 = ([a_1,b_1],[c_1,d_1])$，$A_2 = ([a_2,b_2],[c_2,d_2])$ 是两个区间直觉模糊数，则

$$A_1 + A_2 = ([a_1 + a_2 - a_1 a_2, b_1 + b_2 - b_1 b_2],[c_1 c_2, d_1 d_2]) \quad (2.6)$$

$$A_1 \cdot A_2 = ([a_1 a_2, b_1 b_2],[c_1 + c_2 - c_1 c_2, d_1 + d_2 - d_1 d_2]) \quad (2.7)$$

$$\lambda A_1 = ([1 - (1 - a_1)^\lambda, 1 - (1 - b_1)^\lambda],[c_1^\lambda, d_1^\lambda]), \lambda > 0 \quad (2.8)$$

$$A_1^\lambda = ([a_1^\lambda, b_1^\lambda],[1 - (1 - c_1)^\lambda, 1 - (1 - d_1)^\lambda]), \lambda > 0 \quad (2.9)$$

（2）梯形直觉模糊数

定义 2.7[23]　设 X 是论域，$A = (\mu_A(x), \nu_A(x))(x \in X)$ 是直觉模糊数，$\mu_A(x)$ 和 $\nu_A(x)$ 分别表示 A 的隶属度和非隶属度。若

$$\mu_A(x) = [\mu^L, \mu^{ML}, \mu^{MU}, \mu^U], \nu_A(x) = [\nu^L, \nu^{ML}, \nu^{MU}, \nu^U]$$

均为梯形模糊数，且 $0 \leqslant \mu^U + \nu^U \leqslant 1$，则称 $(\mu_A(x), \nu_A(x))$ 为梯形直觉模糊数。

特别地，若 $\mu^L = \mu^{ML} = \mu^{MU} = \mu^U$，$\nu^L = \nu^{ML} = \nu^{MU} = \nu^U$，则梯形直觉模糊数退化为直觉模糊数。

设 A 是梯形直觉模糊数，记为

$$A = (\mu_A(x), \nu_A(x)) = ([\mu^L, \mu^{ML}, \mu^{MU}, \mu^U],[\nu^L, \nu^{ML}, \nu^{MU}, \nu^U])$$

定义 2.8[23]　设 $A_1 = ([\mu_1^L, \mu_1^{ML}, \mu_1^{MU}, \mu_1^U], [\nu_1^L, \nu_1^{ML}, \nu_1^{MU}, \nu_1^U])$，$A_2 = ([\mu_2^L, \mu_2^{ML}, \mu_2^{MU}, \mu_2^U], [\nu_2^L, \nu_2^{ML}, \nu_2^{MU}, \nu_2^U])$ 是两个梯形直觉模糊数，则

$$A_1 \oplus A_2 = ([\mu_1^L + \mu_2^L - \mu_1^L\mu_2^L, \ \mu_1^{ML} + \mu_2^{ML} - \mu_1^{ML}\mu_2^{ML}, \ \mu_1^{MU} + \mu_2^{MU} - \mu_1^{MU}\mu_2^{MU},$$
$$\mu_1^U + \mu_2^U - \mu_1^U\mu_2^U], [\nu_1^L\nu_2^L, \nu_1^{ML}\nu_2^{ML}, \nu_1^{MU}\nu_2^{MU}, \nu_1^U\nu_2^U])$$

$$(2.10)$$

$$A_1 \otimes A_2 = ([\mu_1^L\mu_2^L, \mu_1^{ML}\mu_2^{ML}, \mu_1^{MU}\mu_2^{MU}, \mu_1^U\mu_2^U], [\nu_1^L + \nu_2^L - \nu_1^L\nu_2^L,$$
$$\nu_1^{ML} + \nu_2^{ML} - \nu_1^{ML}\nu_2^{ML}, \nu_1^{MU} + \nu_2^{MU} - \nu_1^{MU}\nu_2^{MU}, \nu_1^U + \nu_2^U - \nu_1^U\nu_2^U])$$

$$(2.11)$$

$$\lambda A_1 = ([1 - (1 - \mu_1^L)^\lambda, 1 - (1 - \mu_1^{ML})^\lambda, 1 - (1 - \mu_1^{MU})^\lambda, 1 - (1 - \mu_1^U)^\lambda],$$
$$[(\nu_1^L)^\lambda, (\nu_1^{ML})^\lambda, (\nu_1^{MU})^\lambda, (\nu_1^U)^\lambda]), \lambda \geqslant 0$$

$$(2.12)$$

$$A_1^\lambda = ([(\mu_1^L)^\lambda, (\mu_1^{ML})^\lambda, (\mu_1^{MU})^\lambda, (\mu_1^U)^\lambda], [1 - (1 - \nu_1^L)^\lambda, 1 - (1 - \nu_1^{ML})^\lambda,$$
$$1 - (1 - \nu_1^{MU})^\lambda, 1 - (1 - \nu_1^U)^\lambda]), \lambda \geqslant 0$$

$$(2.13)$$

（3）广义梯形模糊数

定义 2.9[119,120]　设 A 是实数域上的模糊集，$a_1, a_2, a_3, a_4, \omega_A$ 是实数，且 $a_1 \leqslant a_2 \leqslant a_3 \leqslant a_4$，$0 \leqslant \omega_A \leqslant 1$，若 A 的隶属函数 $\mu_A(x)$ 定义如下

$$\mu_A(x) = \begin{cases} \dfrac{\omega_A(x - a_1)}{a_2 - a_1}, & a_1 \leqslant x \leqslant a_2 \\[2mm] \omega_A, & a_2 \leqslant x \leqslant a_3 \\[2mm] \dfrac{\omega_A(x - a_4)}{a_3 - a_4}, & a_3 \leqslant x \leqslant a_4 \\[2mm] 0, & 其他 \end{cases} \tag{2.14}$$

则称 $A = (a_1, a_2, a_3, a_4; \omega_A)$ 是广义梯形模糊数，如图 2.3 所示。

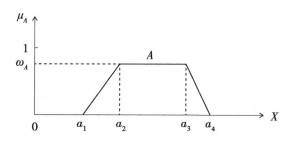

图 2.3　广义梯形模糊数 A

若 $0 \leqslant a_1 \leqslant a_2 \leqslant a_3 \leqslant a_4 \leqslant 1$，则 A 是标准梯形模糊数；若 $\omega_A = 1$，则 A 是正规梯形模糊数，记作 (a_1, a_2, a_3, a_4)；若 $a_1 < a_2 = a_3 < a_4$ 且 $\omega_A = 1$，则称 A 是三角模糊数；若 $a_1 = a_2$，$a_3 = a_4$ 且 $\omega_A = 1$，则 A 是一般区间；若 $a_1 = a_2 = a_3 = a_4$ 且 $\omega_A = 1$，则 A 是一般的实数。

（4）区间梯形模糊数

基于 Yao 和 Lin[107] 给出的区间模糊集，Chen 和 Sanguansat[110] 将区间梯形模糊数定义如下。

定义 2.10[110]　设 $\tilde{A}^L$ 和 $\tilde{A}^U$ 是两个广义梯形模糊数，则

$$\tilde{A} = [\tilde{A}^L, \tilde{A}^U] = [(a_1^L, a_2^L, a_3^L, a_4^L; \omega_{\tilde{A}}^L), (a_1^U, a_2^U, a_3^U, a_4^U; \omega_{\tilde{A}}^U)]$$

称作区间梯形模糊数。式中，$\tilde{A}^L$ 表示下区间梯形模糊数（the lower interval-valued trapezoidal fuzzy number）；$\tilde{A}^U$ 表示上区间梯形模糊数（the up-per interval-valued trapezoidal fuzzy number），且 $\tilde{A}^L \subset \tilde{A}^U$。

区间梯形模糊数 $\tilde{A}$ 的隶属函数如图 2.4 所示。

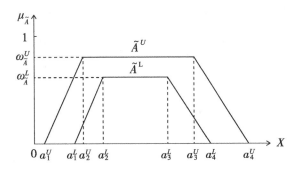

图 2.4　区间梯形模糊数 $\tilde{A}$

若 $a_1^L = a_1^U$，$a_2^L = a_2^U$，$a_3^L = a_3^U$，$a_4^L = a_4^U$ 和 $\omega_{\tilde{A}}^L = \omega_{\tilde{A}}^U$，则 $\tilde{A}^L = \tilde{A}^U$，即区间梯形模糊数 $\tilde{A}$ 变成广义梯形模糊数；若 $a_1^L = a_1^U = a_2^L = a_2^U = a_3^L = a_3^U = a_4^L = a_4^U$ 且 $\omega_{\tilde{A}}^L = \omega_{\tilde{A}}^U = 1$，则 $\tilde{A}$ 是一般的实数。

定义 2.11[110]　设 $\tilde{A} = [(a_1^L,a_2^L,a_3^L,a_4^L;\omega_{\tilde{A}}^L),(a_1^U,a_2^U,a_3^U,a_4^U;\omega_{\tilde{A}}^U)]$，$\tilde{B} = [(b_1^L,b_2^L,b_3^L,b_4^L;\omega_{\tilde{B}}^L),(b_1^U,b_2^U,b_3^U,b_4^U;\omega_{\tilde{B}}^U)]$ 是两个区间梯形模糊数，其中 $a_i^L,a_i^U,b_i^L,b_i^U(i=1,2,3,4)$ 是 $[0,1]$ 上的实数，$0 \leqslant \omega_{\tilde{A}}^L \leqslant \omega_{\tilde{A}}^U \leqslant 1$，$0 \leqslant \omega_{\tilde{B}}^L \leqslant \omega_{\tilde{B}}^U \leqslant 1$，则

$$\begin{aligned}
\tilde{A} \oplus \tilde{B} = [&(a_1^L + b_1^L - a_1^L b_1^L, a_2^L + b_2^L - a_2^L b_2^L, a_3^L + b_3^L - a_3^L b_3^L,\\
&a_4^L + b_4^L - a_4^L b_4^L; \min(\omega_{\tilde{A}}^L,\omega_{\tilde{B}}^L)),(a_1^U + b_1^U - a_1^U b_1^U,\\
&a_2^U + b_2^U - a_2^U b_2^U, a_3^U + b_3^U - a_3^U b_3^U,\\
&a_4^U + b_4^U - a_4^U b_4^U; \min(\omega_{\tilde{A}}^U,\omega_{\tilde{B}}^U))]
\end{aligned}$$

(2.15)

$$\tilde{A} \otimes \tilde{B} = [(a_1^L b_1^L, a_2^L b_2^L, a_3^L b_3^L, a_4^L b_4^L; \min(\omega_{\tilde{A}}^L, \omega_{\tilde{B}}^L)),$$
$$(a_1^U b_1^U, a_2^U b_2^U, a_3^U b_3^U, a_4^U b_4^U; \min(\omega_{\tilde{A}}^U, \omega_{\tilde{B}}^U))] \qquad (2.16)$$

$$\tilde{A} \oslash \tilde{B} = [(a_1^L/b_4^L, a_2^L/b_3^L, a_3^L/b_2^L, a_4^L/b_1^L; \min(\omega_{\tilde{A}}^L, \omega_{\tilde{B}}^L)),$$
$$(a_1^U/b_4^U, a_2^U/b_3^U, a_3^U/b_2^U, a_4^U/b_1^U; \min(\omega_{\tilde{A}}^U, \omega_{\tilde{B}}^U))] \qquad (2.17)$$

$$此处\ a/b = \begin{cases} \dfrac{a}{b}, & a < b, \\[2mm] 1, & a \geqslant b. \end{cases}$$

2.1.2　模糊关系

定义 2.12[115]　设 X 和 Y 是非空集合，称 $R : X \times Y \rightarrow [0,1]$ 为 X 到 Y 的一个模糊（二元）关系。对 $\forall (x,y) \in X \times Y, R(x,y) \in [0,1]$ 称作 x 与 y 之间的程度。特别地，从 X 到 X 的模糊关系称作 X 上的模糊（二元）关系。

设 R 是 X 到 Y 的模糊关系，$X = \{x_1, x_2, \cdots, x_m\}$，$Y = \{y_1, y_2, \cdots, y_n\}$，记 $r_{ij} = R(x_i, x_j)$ ($i = 1, 2, \cdots, m$; $j = 1, 2, \cdots, n$)，则模糊关系 R 可以表示为

$$R = \begin{bmatrix} r_{11} & r_{12} & \cdots & r_{1n} \\ r_{21} & r_{22} & \cdots & r_{2n} \\ \vdots & \vdots & & \vdots \\ r_{m1} & r_{m2} & \cdots & r_{mn} \end{bmatrix}$$

也称作模糊矩阵，简记为 $R = (r_{ij})_{m \times n}$。

定义 2.13[121]　设模糊矩阵 $R = (r_{ij})_{n \times n}$，若 $0 \leqslant r_{ij} \leqslant 1$，($i, j = 1$,

$2, \cdots, n)$，则称 $\boldsymbol{R}$ 是模糊判断矩阵。

定义 2.14[121]   设模糊判断矩阵 $\boldsymbol{R} = (r_{ij})_{n \times n}$，若 $r_{ij} + r_{ji} = 1$，$r_{ii} = 0.5(i, j = 1, 2, \cdots, n)$，则称 $\boldsymbol{R}$ 是模糊互补判断矩阵。

定义 2.15[73]   设 $X = \{x_1, x_2, \cdots, x_m\}$ 是备选方案集，$S = \{s_1, s_2, \cdots, s_n\}$ 是属性集，如果备选方案 x_i 对属性 s_j 的决策信息是区间直觉模糊数

$$\tilde{a}_{x_i}(s_j) = (\mu_{x_i}(s_j), \lambda_{x_i}(s_j)), (i = 1, 2, \cdots, m; j = 1, 2, \cdots, n)$$

且 $\mu_{x_i}(s_j) \in D[0,1]$，$\lambda_{x_i}(s_j) \in D[0,1]$ 和 $\sup \mu_{x_i}(s_j) + \sup \lambda_{x_i}(s_j) \leqslant 1$

则构成的决策矩阵

$$\tilde{\boldsymbol{A}} = (\tilde{a}_{x_i}(s_j))_{m \times n} = (\mu_{x_i}(s_j), \lambda_{x_i}(s_j))_{m \times n}$$

称作区间直觉模糊决策矩阵。式中，区间 $\mu_{x_i}(s_j)$ 和 $\lambda_{x_i}(s_j)$ 分别表示备选方案 x_i 满足属性 s_j 的程度范围和备选方案 x_i 不满足属性 s_j 的程度范围。

定义 2.16   设 $X = \{x_1, x_2, \cdots, x_m\}$ 是备选方案集，$S = \{s_1, s_2, \cdots, s_n\}$ 是属性集，如果备选方案 x_i 对属性 s_j 的决策信息为梯形直觉模糊数

$$\tilde{a}_{x_i}(s_j) = \tilde{a}_{ij} = ([\mu^L, \mu^{ML}, \mu^{MU}, \mu^U], [\nu^L, \nu^{ML}, \nu^{MU}, \nu^U])$$

且 $0 \leqslant \mu^U + \nu^U \leqslant 1$，则构成的决策矩阵

$$\tilde{\boldsymbol{A}} = (\tilde{a}_{x_i}(s_j))_{m \times n} = (\tilde{a}_{ij})_{m \times n} = ([\mu^L, \mu^{ML}, \mu^{MU}, \mu^U], [\nu^L, \nu^{ML}, \nu^{MU}, \nu^U])_{m \times n}$$

称作梯形直觉模糊决策矩阵。式中，$[\mu^L, \mu^{ML}, \mu^{MU}, \mu^U]$ 和 $[\nu^L, \nu^{ML}, \nu^{MU}, \nu^U]$ 分别表示备选方案 x_i 满足属性 s_j 的程度范围和备选方案 x_i 不满足属性 s_j 的程度范围。

2.1.3 模糊多属性决策

1. 多属性决策

多属性决策的发展基础来源于早期学者对多准则决策的研究成果。多属性决策中有两个重要的研究方向：一个是基于多属性效用理论的决策方法，另一个是基于级别优先关系的决策方法。一般来说，构成多属性综合评价的要素有评价者或决策者、被评价对象或方案、指标（属性）集、权重系数和综合评价模型等。

以下给出经典的多属性决策模型[122,123]。

设 $X = \{x_1, x_2, \cdots, x_m\}$ 为备选方案集，$S = \{s_1, s_2, \cdots, s_n\}$ 为属性集，元素 r_{ij} 表示第 i 个方案 x_i 相对于第 j 个属性 s_j 的属性值，且 $r_{ij} \in [0,1]$（$i = 1,2,\cdots,m$；$j = 1,2,\cdots,n$）。用决策矩阵表示备选方案集与属性集之间的关系为

$$R = \begin{bmatrix} r_{11} & r_{12} & \cdots & r_{1n} \\ r_{21} & r_{22} & \cdots & r_{2n} \\ \vdots & \vdots & & \vdots \\ r_{m1} & r_{m2} & \cdots & r_{mn} \end{bmatrix}$$

令 $\{v_1, v_2, \cdots, v_n\}$ 表示各属性的权重向量，且 $\sum_{j=1}^{n} v_j = 1$，其中 $v_j \in [0,1]$（$j = 1,2,\cdots,n$）。两种决策方法如下。

（1）基于多属性效用理论的决策方法

该决策方法一般是在属性权重归一化后的量化属性评价值的基础上，通过备选方案 x_i 的效用函数

$$U_i = U(x_i) = \sum_{j=1}^{n} v_j u_{ij}, \ (\ i = 1, 2, \cdots, m \ )$$

集结为综合评价指标，再根据 $U(x_i)$ 值所体现的备选方案优劣做出决策。式中，u_{ij} 是将 r_{ij} 转化为效益型属性并进行归一化后的属性评价值；$U(x_i)$ 是备选方案 x_i 的效用函数。

（2）基于级别优先关系的决策方法

该决策方法是通过在各属性上分别进行方案之间的两两比较，获得偏好指标 $f(u_{ij})$ 后，再将比较的结果进行量化，进而由相应的各属性权重得到最终方案之间的偏好关系，最后通过

$$P(x_i) = \sum_{j=1}^{n} v_j f(u_{ij}), \ (\ i = 1, 2, \cdots, m \ )$$

进行最终决策。式中，$f(u_{ij})$ 是相应属性的方案之间两两比较的偏好指标。

2. 模糊多属性决策

在经典决策中，多准则决策分为多目标决策和多属性决策；在模糊情况下，同样也有模糊多目标决策和模糊多属性决策之分。其中，模糊多目标决策不仅涉及多个目标，而且许多决策信息具有模糊性，所以它比经典多目标决策更具有实际应用价值。而模糊多属性决策通常是对备选方案中每一个方案的各种属性的适应性与权重进行分析，得到一个模糊数，决策者可以根据分数高低对每一个方案进行优劣排序。但是，在方案之间进行评分时，各种属性中通常有直接数据、模糊概念或逻辑关系。

模糊多属性决策问题是指在经典多属性决策问题中，其各属性的决策指标值或各属性的权重均表现为模糊数或模糊语言等不确定性信息。

实际上，凡是决策者不能精确定义的决策参数，都可以被处理成某种适当的模糊集。

（1）模糊多属性决策问题

设 $X = \{x_1, x_2, \cdots, x_m\}$ 为备选方案集，$S = \{s_1, s_2, \cdots, s_n\}$ 为属性集，元素 r_{ij} 表示第 i 个方案 x_i 相对于第 j 个属性 s_j 的属性值，且 $r_{ij} \in [0,1]$（$i = 1, 2, \cdots, m$；$j = 1, 2, \cdots, n$）。用模糊属性值决策矩阵表示方案集与属性集之间的关系为

$$\boldsymbol{R} = (r_{ij})_{m \times n} = \begin{bmatrix} r_{11} & r_{12} & \cdots & r_{1n} \\ r_{21} & r_{22} & \cdots & r_{2n} \\ \vdots & \vdots & & \vdots \\ r_{m1} & r_{m2} & \cdots & r_{mn} \end{bmatrix}$$

令 $v = \{v_1, v_2, \cdots, v_n\}$ 分别表示各属性的权重，且 $\sum_{j=1}^{n} v_j = 1, v_j \in [0,1]$（$j = 1, 2, \cdots, n$）。其中，关于属性值 r_{ij} 和权重值 v_j 的表示方式可以是数值的，也可以是语言的；涉及的数据可以是精确的，也可以是不精确的。而所有语言的或不精确的属性值 r_{ij} 和权重值 v_j 都可以被相应地表示成决策空间中的模糊集或模糊数。

模糊多属性决策问题的决策过程通常分为以下两个步骤：

第一步是对每个方案，集结其在所有属性下的属性值，获得规范化标准模糊属性值决策矩阵

$$\boldsymbol{R} = (r_{ij})_{m \times n} = \begin{bmatrix} r_{11} & r_{12} & \cdots & r_{1n} \\ r_{21} & r_{22} & \cdots & r_{2n} \\ \vdots & \vdots & & \vdots \\ r_{m1} & r_{m2} & \cdots & r_{mn} \end{bmatrix}$$

和模糊权重向量 $\{v_1, v_2, \cdots, v_n\}$。

第二步是求出每个方案的最终评定值，即

$$Z_i = Z(x_i) = V \odot R, \quad (i = 1, 2, \cdots, m)$$

式中，Z_i 为第 i 个备选方案的最终评定值；$\odot$ 为某一模糊多属性集结算子。

最后，根据一定的排序方法，按最终评定值对各方案进行比较，选出最优方案或对方案排序。

显然，如何选择合适的模糊集结算子和模糊集排序方法是解决模糊多属性决策问题的关键。

模糊多属性决策问题分成三类：①无偏好信息的决策问题；②有属性偏好信息的决策问题；③有属性和方案偏好信息的决策问题。这三类决策问题涉及的方法有很多种，以下重点介绍模糊层次分析法。

层次分析法（Analytic Hierarchy Process，AHP）是 20 世纪 70 年代由萨蒂（Saaty）提出的一种定性分析与定量分析相结合的系统分析方法[124,125]。它将问题的相关因素转化为目标、准则和方案等层次，并将人的思维过程数量化和层次化，通过对事物的复杂本质和相关影响因素的深入分析，建立清晰的层次结构模型，然后对各个因素建立判断矩阵；在此基础上，结合各个层次的权重，求解评价值并进行层次总排序，根据评价的结果选出最佳的方案[126]。层次分析法为处理复杂的决策问题提供了有力的定量依据，在解决决策问题上有很强的实用性和有效性。而模糊层次分析法（Fuzzy Analytic Hierarchy Process，FAHP）最早由范·拉霍温（Van Laarhoven）和佩德里克（Pedrycz）[127] 提出，是将模糊数学理论引入 Saaty[128] 所建立的层次分析法中，并使用三角模糊数和逻辑最小方差值计算出模糊权重，以此对可选方案进行评估。一般来说，层次分析法标度烦琐，判断矩阵一致性难以达到；而模糊层次分析法正好克服了层次分析法的这一不足，通过构建层次结构模型，进而建立优先关系矩阵，再通过优先关系矩阵计算模糊一致矩阵，利用选定的评价指标进行层次单排序，将单排序计算出来的优属度进行层次总排序后，经过计算得到结果并进行比较，选出最优结果，即完成模糊层次分析法的优选过程[129]。

在模糊层次分析法中，因素间两两比较判断时，若采用一个因素比另一个因素的重要程度来定量表示，则得到的是模糊判断矩阵。模糊层次分析法为量化地评价指标，从而选择最优方案提供了依据，因此得到了广泛的应用。

（2）模糊层次分析法的具体步骤[130]

模糊层次分析法的步骤和 Saaty 提出的层次分析法的步骤基本一致，仅有两点不同：

①在层次分析法中，通过因素的两两比较构造判断矩阵；而在模糊层次分析法中，通过因素的两两比较构造模糊一致性互补判断矩阵。

②由模糊一致性互补判断矩阵求各因素相对重要性的权重方法与由判断矩阵求权重的方法不同。

这里主要回顾模糊一致性互补判断矩阵的建立和由模糊一致性互补判断矩阵求权重的方法。

第一步：建立模糊一致性互补判断矩阵。

模糊一致性互补判断矩阵表示针对上一层的某因素，本层次与其有关因素之间相对重要性的比较。为了使两个因素的相对重要性得到定量描述，可采用如下 0.1~0.9 的标度给予数量标度。设 $\{a_1, a_2, \cdots, a_n\}$ 是由全部因素构成的集合，则模糊一致性互补判断矩阵标度见表 2.1。

表2.1　模糊一致性互补判断矩阵标度

标度	意义
0.5	因素 a_i 和因素 a_j 同等重要
0.6	因素 a_i 比因素 a_j 稍微重要
0.7	因素 a_i 比因素 a_j 明显重要
0.8	因素 a_i 比因素 a_j 非常重要
0.9	因素 a_i 比因素 a_j 极端重要
0.1，0.2，0.3，0.4	若因素 a_i 和因素 a_j 相比较得到的判断为 r_{ij}， 则因素 a_j 和因素 a_i 相比较得到的判断为 $r_{ji} = 1 - r_{ij}$

根据对各层因素的两两比较，构造模糊一致性互补判断矩阵。基于表2.1中的数量标度，对因素 a_1，a_2，$\cdots$，a_n 相对于上一层因素进行比较，得到的模糊一致性互补判断矩阵如下

$$
\boldsymbol{R} = (r_{ij})_{n \times n} = \begin{bmatrix} r_{11} & r_{12} & \cdots & r_{1n} \\ r_{21} & r_{22} & \cdots & r_{2n} \\ \vdots & \vdots & & \vdots \\ r_{n1} & r_{n2} & \cdots & r_{nn} \end{bmatrix}
$$

$\boldsymbol{R}$ 具有以下性质：

① $r_{ii} = 0.5$，$(i = 1,2,\cdots,n)$。

② $r_{ij} + r_{ji} = 1$，$(i,j = 1,2,\cdots,n)$。

③ $r_{ij} = r_{ik} + r_{kj} - 0.5$，$(i,j,k = 1,2,\cdots,n)$。

式中，r_{ij} 表示因素 a_i 和因素 a_j 相对于上一层因素比较时，因素 a_i 和因素 a_j 具有模糊关系"……比……重要得多"。

模糊判断矩阵的一致性反映了人们思维判断的一致性，但在实际决策分析中，由于所研究问题的复杂性和人们认识上可能存在的片面

性，使构造出的判断矩阵往往不具有一致性。这时可对模糊判断矩阵进行调整，使其成为模糊一致性互补判断矩阵，具体调整办法可参见文献［130］。

第二步：由模糊一致性互补判断矩阵 R，求因素 a_1，a_2，$\cdots$，a_n 的权重值 w_1，w_2，$\cdots$，w_n。

设对因素 a_1，a_2，$\cdots$，a_n 的两两重要性进行比较，得到的模糊一致性互补判断矩阵为

$$R = (r_{ij})_{n \times n}$$

元素 a_1，a_2，$\cdots$，a_n 的权重值分别为 w_1，w_2，$\cdots$，w_n，由文献［130］可知

$$r_{ij} = 0.5 + a(w_i - w_j), \quad (i,j = 1,2,\cdots,n) \tag{2.18}$$

式中，$0 < a \leq 0.5$，a 是人们对其所感知对象的差异程度的一种度量，它与评价对象的个数和差异程度有关。当评价对象的个数或差异程度较大时，a 值可以取得大一点。另外，决策者也可以通过调整 a 的大小，求出若干个不同的权重向量，再从中选择一个令自己比较满意的权重向量。但当模糊判断矩阵 R 不一致时，式（2.18）中的等号不严格成立，此时可采用最小二乘法求权重 w_1，w_2，$\cdots$，w_n。

2.2 模糊风险分析相关理论

2.2.1 风险

1. 不确定性

在讨论和研究风险时，经常用到"不确定"这个概念。然而，不确

定与风险不能等同，若要度量风险，就需要区分不确定与风险。对于"不确定"和"确定"这两个概念，是在特定时间下给出的。在《韦氏新大学词典》（*Webster's New Collegiate Dictionary*）中是这样解释的："确定"指一种没有怀疑的状态；"不确定"指怀疑自己对当前行为所造成的将来结果的预测能力。由此可见，"不确定"描述的是一种心理状态，它是存在于客观事物与人们的认识之间的一种差距，反映了人们由于难以预测未来活动和事件的后果而产生的怀疑态度。例如，一项活动可能有多种结果，由于人们掌握不了活动的全部信息，所以事先不能确切预知最终会产生哪一种结果，但知道每一种结果出现的概率是多少。另外，有时人们也可能估计不出这些概率，甚至都不知道未来会有哪种结果出现。所有这些都是不确定的情况。

刘新立[131]将不确定的水平分为三级：第一级是不确定的最低水平。这一水平的不确定是指不能确定究竟会出现哪一种结果，但每一种结果发生的概率是确定的，通常也被称为"客观不确定"。客观不确定并不是因为不了解事件，而是由于事件结果所固有的狭义的不唯一所造成的，即虽然结果是"正面"还是"反面"不能唯一确定，但结果的概率分布是唯一确定的。

第二级的不确定程度更高一些。对于该级活动，虽然知道未来会有哪些结果，但事先既不知道未来哪种结果会发生，也不清楚每一种结果发生的概率，即一种广义上的结果不唯一。这种不确定是由于人们对系统的动态发展机制缺乏深刻的认识，也可能是发生的可能性很小，目前还没有足够的数据和信息判断各种结果出现的概率，而且带有一定的主观猜测成分，所以也称为"主观不确定"。

第三级的不确定程度最高，早期的太空探险等活动都属于这种类型。理论上讲，随着历史资料与信息的逐渐增多，高级别的不确定可以转化为低级别的不确定。不确定是存在于客观事物与人们认识之间的一种差距，有关活动的信息掌握得越充分，人们对此类活动的认识就越充分，不确定的程度就越低。

不确定主要来源于以下几个方面[131]：

①与客观过程本身的不确定有关的客观的不确定。

②由于所选择的为了准确反映系统真实物理行为的模拟模型只是原型中的一个，造成了模型的不确定。

③不能精确量化模型输入参数而导致的参数的不确定。

④数据的不确定，包括测量误差、数据的不一致性和不均匀性、数据处理和转换误差，以及由于时间和空间限制，数据样本缺乏足够的代表性等。这些不确定的来源分别涉及风险识别、风险评估、风险评价和风险管理措施的选择，它们贯穿于风险管理的始终。

2. 风险的概念

"风险"（risk）一词最先出现在西方经济学领域，现在已经被广泛应用于各领域。目前，对风险没有统一的定义，但其核心内容是一致的。人类社会存在各种各样的风险，它的发生具有偶然性，随着人类社会的不断发展变化，也在不断产生新的风险。因此，风险具有普遍性、不确定性以及变化性。

不同领域的研究者对风险给出了不同的定义，即使是同一研究领域，对于风险的定义也没有统一的说法。从其本质出发，国际标准化组织（ISO）发布的《ISO Guide 73：2009　风险管理：术语》将风险定义为："不确定性对目标的影响。"该风险定义有三个特征：客观性、不确定性以及二者的关系。这三个风险的特征主要是从决策的角度出发考虑的。由于风险的不确定性，所以很难权衡决策结果；又由于事件结果的不确定性，一项决策实施后的结果也是不确定的。所以比较两项决策的优劣时，不能单独比较两个数字，而是要有科学的理论依据。

3. 风险的特征

风险的特征是风险本质及其发生规律的表现，结合对风险概念的理解，风险的特征如下。

（1）客观性

风险的客观性指的是人们不能否认与拒绝风险存在的性质。该特征说明风险是随时存在的，人们所处的整个社会和所有的活动都充满风险。

（2）不确定性

风险最根本的特征之一是不确定性。在现实社会中，风险是客观存在的，由于各种因素的影响，人们对客观世界的认识受到了限制，导致其预测风险发生的准确性偏低。对于风险是否发生、何时发生、如何发生以及发生的结果等都是不确定的。因此，风险是不确定的。

（3）决策行为相关性

决策者做决策时，其决策行为与所面临的风险是密切相关的。对同一风险事件来说，由于具有不同的风险偏好，不同的决策者可能会做出不同的决策行为，即会采用不同的管理方法或策略，所以面临的风险结果也会不同。

（4）潜在性

虽然风险是客观存在的，但是风险的不确定性表明其出现只是一种可能，而风险出现的可能转变为事实还受其他条件的影响，还有一定的距离，这就是风险的潜在性特征。正是因为风险存在这一特征，决策者需要采用合理、科学的管理方法识别、度量、控制风险，从而减少风险的影响。

（5）利益相关性

对出于某种利益做出的决策，风险也会因决策者的决策行为而出现，所以风险与决策者的利益相关联。由于决策者的决策行为风险可能会隐藏于其某一利益目标行为中，所以风险的发生必然会影响决策者的利益。

（6）双重性

由于决策行为而产生的风险结果可能给人们带来收益，也可能带来损失，因而风险收益与风险损失发生的机会是同时存在的，这说明风险具有双重性。若能够合理解决和控制决策行为目标存在的潜在风险，那么获得收益的机会就会增多。若由目标主体的存在状态引起的损失得到合理控制，也可看作是获得了收益，所以风险损失与收益是并存的。

（7）可测性

随着科学技术的发展，对于完全未知的客观事物发生的变化以及风险的不确定性等不再是一无所知或无法预测。在特定时间和空间下产生的风险，通过观察现实环境因素，可知风险往往呈现出明显的规律性。结合以往的大量资料，用概率论和数理统计的方法可以测算风险发生的概率及其损失程度，并且构造出损失分布的模型。但是，随着模糊理论的发展，且由于客观事物的不确定性以及相关属性值或评价值的模糊性，基于模糊理论的风险研究也引起了学者们的广泛关注。

2.2.2 决策风险

每一项决策都是由管理者做出的。在决策活动中，决策风险管理是必不可少的，只有及时、有效地进行决策风险管理，才能尽可能地保证决策的正确性和有效性。基利最先在《风险管理：成本控制的新时期》一书中使用了"决策风险"这个术语。随着社会的进步和经济的发展，风险管理的内涵和外延也在发生变化。奈特指出，承担风险是管理者的一项主要职能。决策风险管理的目标是降低或规避决策风险，即尽可能地减少决策损失。不管是间接损失还是直接损失，均可以通过某种指标进行度量并控制，最后达到降低或规避决策风险、减少决策损失的目的，从而保证决策的正确性和有效性。所以，讨论决策风险等一系列问题时，如何度量决策风险、降低决策风险、减少决策失误，是研究者们一直以来关注的问题，也是值得深入探讨的问题。

1. 决策风险的概念

所谓决策风险，是指在决策活动中，由于主观、客观等多种不确定因素的存在，导致决策活动不能达到预期目的的可能性及其后果。

2. 导致决策风险的因素

决策中的风险因素主要有以下几个方面[85]。

（1）环境因素

根据系统论的观点，决策存在于特定的环境中，而环境也有宏观和微观之分：宏观环境的影响时间长远、范围较大，微观环境的影响则时间短、范围小。环境的因素是多变的，宏观环境相对稳定，决策支持系统只能对环境进行宏观评估，决策主体对客观环境的把握也存在很大的差异。

（2）决策者的个人素质

经济学决策和统计学决策主要强调决策的客观性，即认为决策是与主体无关的，没有考虑到决策主体在决策中的中心地位。心理学决策弥补了上述不足，考虑了决策者在决策中的非理性行为。决策者的素质差异会导致决策的差异性，过去的理论研究忽略了将决策行为结合到决策方法中去，忽略了决策者个人判断的作用。

（3）信息不对称

信息是人们做出决策的依据。人们利用信息进行决策，所以信息是决策的前提条件。没有掌握外部信息和内部信息的决策是盲目的，信息越完全、越可靠，决策的风险就越小。然而，不同系统和不同主体对信息的反映是存在差异的，即信息的主客体的不对称性。

（4）决策方法本身的缺陷

在具有充足数据的情况下，决策结果还取决于决策方法。决策方法都是基于知识库和模型库的，知识库主要来源于专家知识和基础数据的收集处理，而决策模型是某些事务的抽象，它代表一个物体或者行为。对于决策者来说，很难准确和全面地把握整个对象。

3. 决策风险度量法

决策问题按其出现后果的确定程度，可分为[2] 确定型决策、风险型决策和不确定型决策。不确定型决策和风险型决策都具有一定的风险。好的决策风险度量方法对决策者的决策来说很重要。为了识别重要的风险，需要一个能够度量收益在多大范围内变化的方法。因此，提供一种有效的决策风险度量方法，可以促使决策者关注风险来源，从而对风险采取适当的干预方式，为度量和控制决策风险提供依据，这也是本书研究的重点。

这里介绍两种决策风险度量法。

（1）基于信息熵的决策风险度量法

1948 年，信息论创始人香农（Shannon）在其发表的论文 "*A Mathematical Theory of Communication*"[132] 中指出，任何信息都存在冗余，冗余大小与信息中每个符号出现的概率或者说不确定性有关。Shannon 借助热力学的概念，把信息中排除了冗余后的平均信息量称为"信息熵"（Information Entropy），并给出了计算信息熵的数学表达式

$$H(X) = - \sum_{i=1}^{n} p_i \log_2^{p_i}$$

式中，p_i 为信息源的第 i 个信息元出现的概率，也可看作系统第 i 个微观态出现的概率。

通常，人们关注的往往不是每个消息的不确定性，而是整个系统的不确定性的统计特性，即整个信息源自信息量的统计平均值，这个平均自信息量称作信息熵 $H(X)$ [133]。

若事件 X 是离散随机变量，它有 n 个取值 x_1，x_2，$\cdots$，x_n，取值出现的概率分别为 p_1，p_2，$\cdots$，p_n，$0 \leqslant p_i \leqslant 1$ $(i = 1,2,\cdots,n)$，$\sum\limits_{i=1}^{n} p_i = 1$，则其信息熵定义为[89,92]

$$H(X) = -\sum_{i=1}^{n} p_i \log_2^{p_i} \tag{2.19}$$

当 $p_1 - p_2 = \cdots = p_n = \dfrac{1}{n}$ 时，$H(X)$ 最大，即随机变量 X 的不确定性最大；随着 $H(X)$ 的减小，X 的不确定性降低；当 X 是确定量时，信息熵为 0。

若通过以上方法度量风险，则有：得到的信息熵越大，不确定性就越高，从而决策风险就越大；得到的信息熵越小，不确定性就越低，从而决策风险就越小。

（2）基于模糊熵的决策风险度量法

信息熵度量的是随机不确定性，为了度量模糊不确定性，德·卢卡（De Luca）和特米尼（Termini）[92] 最先提出模糊熵的概念。模糊熵可以度量风险的模糊不确定性，具体如下：

设论域为 $X = \{x_1, x_2, \cdots, x_n\}$，$A$ 为定义在 X 上的模糊集，其隶属函数为 $\mu_A : X \to [0,1]$，$\mu_A(x_i)$ $(i = 1,2,\cdots,n)$ 是 x_i 对模糊集 A 的隶属度，则其模糊熵定义为

$$H(A) = -\frac{1}{n}\sum_{i=1}^{n}\{\mu_A(x_i)\log_2\mu_A(x_i) + [1 - \mu_A(x_i)]\log_2[1 - \mu_A(x_i)]\}$$

$$(2.20)$$

当 $\mu_A(x_i) = 0.5$ 时，模糊不确定程度最大；当 $\mu_A(x_i) \to 1$ 或 $\mu_A(x_i) \to 0$ 时，意味着 x_i 属于或不属于模糊集，此时模糊不确定程度越来越小，越能确定所得结果。

2.2.3　模糊风险分析

风险分析是研究系统在一定条件下完成其预定功能所承担的风险，包括确定系统的失事概率和失事后果[134]，它是基于分析不确定性现象的数学方法，描述人们不期望事件发生和发展的过程，用来估计事件的发生以及相关事件出现的可能性。目前，已有不少学者在进行风险方面的研究，并从多个角度提出了解决方法。例如，陈玉和和姜秀娟[135]对一些常见的风险分析方法进行了总结；刘志强[136]提出了随机风险分析和模糊风险分析这两种风险分析方法，其中模糊风险分析主要是从模糊不确定性的角度研究风险出现的可能性以及变异程度，系统历史数据缺乏的样本可转化为模糊样本，或综合人的主观经验进行分析。

对项目来说，风险是指项目失败的可能性，收益是指项目的预期利润、销售额或决策者使用的其他衡量值，按投资者可以接受的最高风险和最低预期收益设定范围，淘汰预期风险和收益在可接受范围之外的项目，结合风险和收益的比率，排列可选项目。在实际应用中，由于系统的复杂性以及人类认识和判断的模糊性，决策者在对风险进行评估时，常常面临不能量化的信息。这时，若用经典方法进行研究，会导致风险分析的失真，得不到有意义的结果。由此可见，对基于模糊理论的风险分析很有研究的必要，在其研究中引入模糊理论是必然的，且模糊风险分析的相关研究将越来越多。

1984 年, 施穆克尔 (Schmucker)[98] 最先提出的模糊风险分析结构的经典模型如下: 假设工厂 M 生产的组件 $\tilde{C}$ 包含 n 个子组件 $\tilde{C}_1$, $\tilde{C}_2$, …, $\tilde{C}_n$, 评估 $\tilde{C}$ 失效的概率 (Probability of Failure)。设 $\tilde{R}$ 表示生产的组件 $\tilde{C}$ 的失效的概率, $\tilde{R}_i$ 表示子组件 $\tilde{C}_i$ 的失效的概率, $\tilde{W}_i$ 表示子组件 $\tilde{C}_i$ 的损失的严重性 (Severity of Loss)。模糊风险分析的结构如图 2.5 所示。

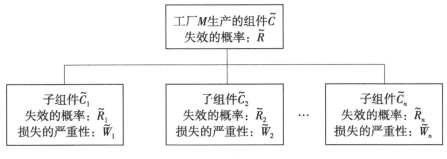

图 2.5 模糊风险分析的结构

为了解决该模糊风险分析问题, 引入以下公式计算组件 $\tilde{C}$ 的总风险。

$$\tilde{R} = \frac{\sum_{i=1}^{n} \tilde{W}_i \otimes \tilde{R}_i}{\sum_{i=1}^{n} \tilde{W}_i}$$

2.3 本章小结

本章主要介绍了模糊集、模糊数、模糊关系以及决策风险等基本概念，回顾了模糊数排序指标、多属性决策模型、模糊多属性决策模型以及模糊层次分析法等内容，引入导致决策风险的因素、两种决策风险度量法以及模糊风险分析模型等内容，为后面章节的研究提供理论依据和基础。

第 ❸ 章　基于区间直觉模糊数的
模糊多属性决策方法

模糊多属性决策方法已引起国内外学者的关注，目前虽已提出许多种方法，但基于区间直觉模糊数对模糊多属性决策问题进行的研究还不多。为此，本章提出区间直觉模糊数的排序函数概念，推广组合有序加权算术平均（COWA）算子和组合有序加权几何平均（COWG）算子，提出一种属性值为区间直觉模糊数的模糊多属性决策方法。

3.1　区间直觉模糊数的排序

定义 3.1[48]　设 $A = ([a,b],[c,d])$ 是区间直觉模糊数，则 A 的得分函数定义为

$$s(A) = \frac{1}{2}(a - c + b - d)$$

显然，$s(A) \in [-1,1]$。

A 的精确函数定义为

$$h(A) = \frac{1}{2}(a + b + c + d)$$

显然，$h(A) \in [0,1]$。

设 A_1 和 A_2 是两个待比较的区间直觉模糊数，$A_1 > A_2$ 表示 A_1 比 A_2 有更高的序，$A_1 \sim A_2$ 表示 A_1 与 A_2 排序一样，$A_2 < A_1$ 等价于 $A_1 > A_2$。

定义 3.2[48]　设 $A_1 = ([a_1,b_1],[c_1,d_1])$ 和 $A_2 = ([a_2,b_2],[c_2,d_2])$ 是两个区间直觉模糊数，则有：

①若 $s(A_1) < s(A_2)$，则 $A_1 < A_2$。

②若 $s(A_1) = s(A_2)$，则当 $h(A_1) = h(A_2)$ 时，可得 $A_1 \sim A_2$；当 $h(A_1) < h(A_2)$ 时，可得 $A_1 < A_2$。

Xu 给出了两个区间直觉模糊数之间的欧氏距离，其定义如下。

定义 3.3[73]　设 $A_1 = ([a_1,b_1],[c_1,d_1])$ 和 $A_2 = ([a_2,b_2],[c_2,d_2])$ 是两个区间直觉模糊数，则称

$$d(A_1, A_2) = \sqrt{\frac{1}{4}[(a_1 - a_2)^2 + (b_1 - b_2)^2 + (c_1 - c_2)^2 + (d_1 - d_2)^2]}$$

是 A_1 与 A_2 之间的欧氏距离。

1. 区间直觉模糊数的排序方法

定义 3.4　设 $A_i = ([a_i,b_i],[c_i,d_i])(i = 1,2,\cdots,n)$ 是区间直觉模糊数，A_i 的最大者定义为

$$A_{\max} = ([\max_i a_i, \max_i b_i],[\min_i c_i, \min_i d_i])$$

A_i 的最小者定义为

$$A_{\min} = ([\min_i a_i, \min_i b_i],[\max_i c_i, \max_i d_i])$$

A_i 的排序函数定义为

$$D(A_i) = \frac{1}{2}\big[d(A_{\max}, A_i) + 1 - d(A_{\min}, A_i)\big]$$

定义 3.5　设 $A_1 = ([a_1, b_1], [c_1, d_1])$ 和 $A_2 = ([a_2, b_2], [c_2, d_2])$ 是两个区间直觉模糊数，$D(A_1)$ 和 $D(A_2)$ 分别是 A_1 和 A_2 的排序函数，A_1 和 A_2 之间的序关系定义如下：

①若 $D(A_1) < D(A_2)$，则 $A_1 > A_2$。

②若 $D(A_1) = D(A_2)$，则 $A_1 \sim A_2$。

例 3.1　设区间直觉模糊数 $A_1 = ([0.6, 0.7], [0.2, 0.3])$，$A_2 = ([0.5, 0.7], [0.1, 0.2])$。由定义 3.4 得

$$A_{\max} = ([0.6, 0.7], [0.1, 0.2]), \ A_{\min} = ([0.5, 0.7], [0.2, 0.3])$$

由定义 3.3 得

$$d(A_{\max}, A_1) = 0.0707, \ d(A_{\max}, A_2) = 0.0500$$

$$d(A_{\min}, A_1) = 0.0500, \ d(A_{\min}, A_2) = 0.0707$$

由定义 3.4 得

$$D(A_1) = 0.5104, \ D(A_2) = 0.4897$$

则
$$D(A_1) > D(A_2)$$
因此，由定义 3.5 得

$$A_1 < A_2$$

例 3.2　设区间直觉模糊数 $A_1 = ([0.2, 0.3], [0.6, 0.7])$，

$A_2 = ([0.1,\ 0.2],\ [0.4,\ 0.6])$，由定义 3.1 得

$$s(A_1) = -0.4,\ s(A_2) = -0.35$$

则
$$s(A_1)\ <\ s(A_2)$$

因此，由定义 3.2 得：$A_1 < A_2$。

由定义 3.3 和定义 3.4 可知

$$D(A_1) = 0.5206,\ D(A_2) = 0.4795$$

则
$$D(A_1)\ >\ D(A_2)$$

因此，由定义 3.5 得

$$A_1\ <\ A_2$$

由此可见，由定义 3.2 和定义 3.5 得到的结论相同。

2. 区间直觉模糊数的排序函数的相关性质

命题 3.1 对任意的区间直觉模糊数 $A = ([a,b],[c,d])$，有 $D(A) \in [0,1]$。

命题 3.2 设 $A_i = ([a_i,b_i],[c_i,d_i])$ 和 $A_j = ([a_j,b_j],[c_j,d_j])$ （$\forall i,j \in N$）是两个区间直觉模糊数，若 $a_i = a_j$，$b_i = b_j$，$c_i = c_j$，$d_i = d_j$，则

$$D(A_i) = D(A_j) = \frac{1}{2}$$

命题 3.3 设 $A_i = ([a_i,b_i],[c_i,d_i])$ 和 $A_j = ([a_j,b_j],[c_j,d_j])$ （$\forall i,j \in N$）是两个区间直觉模糊数，若 $a_i > a_j$，$b_i > b_j$，$c_i < c_j$，$d_i <$

d_j, 则

$$D(A_i) < D(A_j)$$

证明：若 $a_i > a_j$, $b_i > b_j$, $c_i < c_j$, $d_i < d_j$, 则

$$A_{\max} = ([a_i, b_i], [c_i, d_i]), A_{\min} = ([a_j, b_j], [c_j, d_j])$$

从而

$$d(A_{\max}, A_i) = 0;$$

$$d(A_{\max}, A_j) = \sqrt{\frac{1}{4}\left[(a_i - a_j)^2 + (b_i - b_j)^2 + (c_i - c_j)^2 + (d_i - d_j)^2\right]}$$

$$d(A_{\min}, A_i) = \sqrt{\frac{1}{4}\left[(a_i - a_j)^2 + (b_i - b_j)^2 + (c_i - c_j)^2 + (d_i - d_j)^2\right]};$$

$$d(A_{\min}, A_j) = 0$$

由定义 3.4 得

$$D(A_i) = \frac{1}{2}\left[d(A_{\max}, A_i) + 1 - d(A_{\min}, A_i)\right]$$

$$= \frac{1}{2}\left\{1 - \sqrt{\frac{1}{4}\left[(a_i - a_j)^2 + (b_i - b_j)^2 + (c_i - c_j)^2 + (d_i - d_j)^2\right]}\right\}$$

$$D(A_j) = \frac{1}{2}\left[d(A_{\max}, A_j) + 1 - d(A_{\min}, A_j)\right]$$

$$= \frac{1}{2}\left\{\sqrt{\frac{1}{4}\left[(a_i - a_j)^2 + (b_i - b_j)^2 + (c_i - c_j)^2 + (d_i - d_j)^2\right]} + 1\right\}$$

显然，$D(A_i) < D(A_j)$。

3.2　IIFCOWA 算子和 IIFCOWG 算子

下面引入 COWA 算子和 COWG 算子，并将其推广到区间直觉模糊数上，得到区间直觉模糊组合有序加权算术平均（IIFCOWA）算子和区间直觉模糊组合有序加权几何平均（IIFCOWG）算子[137]。

3.2.1　COWA 算子和 COWG 算子

定义 3.6[11]　设 $(a_1, a_2, \cdots, a_n)$ 是一个 n 维数组，若映射 $COWA: R^n \to \boldsymbol{R}$ 满足

$$COWA_{w,v}(a_1, a_2, \cdots, a_n) = \sum_{j=1}^{n} w_j b_j$$

式中，$\boldsymbol{w} = \{w_1, w_2, \cdots, w_n\}^{\mathrm{T}}$ 是与 COWA 算子相关的加权向量（位置向量），且 $w_j \in [0,1]$；$\sum_{j=1}^{n} w_j = 1$；b_j 是加权数 $n v_i a_i (i=1,2,\cdots,n)$ 中第 j 个最大量，这里 $\boldsymbol{v} = (v_1, v_2, \cdots, v_n)$ 是数组 $(a_1, a_2, \cdots, a_n)$ 的加权向量，且 $v_j \in [0,1]$，$\sum_{j=1}^{n} v_j = 1$；n 是平衡因子。则称 COWA 是 n 元组合有序加权算术平均算子。

特别地，若 $w = \{\frac{1}{n}, \frac{1}{n}, \cdots, \frac{1}{n}\}^{\mathrm{T}}$，则 COWA 算子退化为 WAA 算子

$$WAA_v(a_1, a_2, \cdots, a_n) = \sum_{i=1}^{n} v_i a_i$$

若 $v = \{\frac{1}{n}, \frac{1}{n}, \cdots, \frac{1}{n}\}^{\mathrm{T}}$，则 COWA 算子退化为 OWA 算子。

定义 3.7[11]　设 $(a_1, a_2, \cdots, a_n)$ 是一个 n 维数组，若映射 $COWG$:

$R^n \to \mathbf{R}$ 满足

$$COWG_{w,v}(a_1, a_2, \cdots, a_n) = \prod_{j=1}^{n} b_j^{w_j}$$

式中，$\mathbf{w} = \{w_1, w_2, \cdots, w_n\}^T$ 是与 COWG 算子相关的加权向量（位置向量），且 $w_j \in [0,1]$，$\sum_{j=1}^{n} w_j = 1$；b_j 是加权数 $a_i^{nv_i}(i=1,2,\cdots,n)$ 中第 j 个最大量，这里 $\mathbf{v} = (v_1, v_2, \cdots, v_n)$ 是数组 $(a_1, a_2, \cdots, a_n)$ 的加权向量，且 $v_j \in [0,1]$，$\sum_{j=1}^{n} v_j = 1$；n 是平衡因子。则称 COWG 是 n 元组合有序加权几何平均算子。

特别地，若 $\mathbf{w} = \{\frac{1}{n}, \frac{1}{n}, \cdots, \frac{1}{n}\}^T$，则 COWG 算子退化为 WGA 算子

$$WGA_v(a_1, a_2, \cdots, a_n) = \prod_{i=1}^{n} a_i^{v_i}$$

若 $\mathbf{v} = \{\frac{1}{n}, \frac{1}{n}, \cdots, \frac{1}{n}\}^T$，则 COWG 算子退化为 OWG 算子。

3.2.2　COWA 算子和 COWG 算子的推广

设 Ω 是全体区间直觉模糊数构成的集合。基于区间直觉模糊数，以下给出 COWA 算子和 COWG 算子的推广形式。

定义 3.8　设 $(\tilde{a}_1, \tilde{a}_2, \cdots, \tilde{a}_n)$ 是一组区间直觉模糊数，若映射 $IIFCOWA: \Omega^n \to \Omega$ 满足

$$IIFCOWA_{w,\tilde{v}}(\tilde{a}_1, \tilde{a}_2, \cdots, \tilde{a}_n) = \sum_{j=1}^{n} w_j \tilde{b}_j \tag{3.1}$$

式中，$\mathbf{w} = \{w_1, w_2, \cdots, w_n\}^T$ 是与 IIFCOWA 算子相关的加权向量（位置向

量），且 $w_j \in [0,1]$，$\sum\limits_{j=1}^{n} w_j = 1$；$\tilde{b}_j$ 是加权的区间直觉模糊数 $n\tilde{v}_i\tilde{a}_i(i = 1,2,\cdots,n)$ 中第 j 个最大元素，$\tilde{\boldsymbol{v}} = (\tilde{v}_1,\tilde{v}_2,\cdots,\tilde{v}_n)$ 是 $(\tilde{a}_1,\tilde{a}_2,\cdots,\tilde{a}_n)$ 的加权向量，且 $\tilde{v}_j \in [0,1]$，$\sum\limits_{j=1}^{n} \tilde{v}_j = 1$；$n$ 是平衡因子。则称 IIFCOWA 是 n 元区间直觉模糊组合有序加权算术平均算子。

特别地，若 $\boldsymbol{w} = \{\frac{1}{n},\frac{1}{n},\cdots,\frac{1}{n}\}^{\mathrm{T}}$，则 IIFCOWA 算子称作区间直觉模糊数的组合有序算术平均算子。

定义 3.9 设 $(\tilde{a}_1,\tilde{a}_2,\cdots,\tilde{a}_n)$ 是一组区间直觉模糊数，若 $IIFCOWG:\Omega^n \rightarrow \Omega$ 满足

$$IIFCOWG_{w,\tilde{v}}(\tilde{a}_1,\tilde{a}_2,\cdots,\tilde{a}_n) = \prod_{j=1}^{n} \tilde{b}_j^{w_j} \qquad (3.2)$$

式中，$\boldsymbol{w} = \{w_1,w_2,\cdots,w_n\}^{\mathrm{T}}$ 是与 IIFCOWG 算子相关的加权向量（位置向量），且 $w_j \in [0,1]$，$\sum\limits_{j=1}^{n} w_j = 1$；$\tilde{b}_j$ 是加权的区间直觉模糊数 $\tilde{a}_i^{n\tilde{v}_i}(i = 1,2,\cdots,n)$ 中第 j 个最大元素，$\tilde{\boldsymbol{v}} = (\tilde{v}_1,\tilde{v}_2,\cdots,\tilde{v}_n)$ 是 $(\tilde{a}_1,\tilde{a}_2,\cdots,\tilde{a}_n)$ 的加权向量，且 $\tilde{v}_j \in [0,1]$，$\sum\limits_{j=1}^{n} \tilde{v}_j = 1$；$n$ 是平衡因子。则称 IIFCOWG 是 n 元区间直觉模糊组合有序加权几何平均算子。

特别地，若 $\boldsymbol{w} = \{\frac{1}{n},\frac{1}{n},\cdots,\frac{1}{n}\}^{\mathrm{T}}$，则 IIFCOWG 算子称作区间直觉模糊数的组合有序几何平均算子。

定理 3.1 设 $\tilde{\alpha}_i = ([a_i,b_i],[c_i,d_i])(i = 1,2,\cdots,n)$ 是区间直觉模糊数，$\tilde{\alpha}_{\sigma(j)}$ 是加权的区间直觉模糊数 $n\tilde{v}_i\tilde{a}_i(i = 1,2,\cdots,n)$ 中第 j 个最大元素，这里 $\tilde{\boldsymbol{v}} = (\tilde{v}_1,\tilde{v}_2,\cdots,\tilde{v}_n)$ 是区间直觉模糊数组 $(\tilde{a}_1,\tilde{a}_2,\cdots,\tilde{a}_n)$ 的加权向量，且 $\tilde{v}_j \in [0,1]$，$\sum\limits_{j=1}^{n} \tilde{v}_j = 1$，$n$ 是平衡因子，设

$$\tilde{\alpha}_{\sigma(j)} = (\, [\, a_{\sigma(j)}, b_{\sigma(j)}\,]\,, [\, c_{\sigma(j)}, d_{\sigma(j)}\,]\,)$$

则由式 (3.1) 集结得到的结果仍为区间直觉模糊数。

证明： 由定义 2.6 和定义 3.8 易证。

定理 3.2　设 $\tilde{\alpha}_i = (\,[\, a_i, b_i\,]\,, [\, c_i, d_i\,]\,)(i = 1, 2, \cdots, n)$ 是区间直觉模糊数，$\tilde{\alpha}_{\sigma(j)}$ 是区间直觉模糊数 $\tilde{a}_i^{\,n\tilde{v}_i}(i = 1, 2, \cdots, n)$ 中第 j 个最大元素，这里 $\tilde{v} = (\tilde{v}_1, \tilde{v}_2, \cdots, \tilde{v}_n)$ 是区间直觉模糊数组 $(\tilde{a}_1, \tilde{a}_2, \cdots, \tilde{a}_n)$ 的加权向量，且 $\tilde{v}_j \in [\,0, 1\,]$，$\sum\limits_{j=1}^{n} \tilde{v}_j = 1$，$n$ 是平衡因子，设

$$\tilde{\alpha}_{\sigma(j)} = (\,[\, a_{\sigma(j)}, b_{\sigma(j)}\,]\,, [\, c_{\sigma(j)}, d_{\sigma(j)}\,]\,)$$

则由式 (3.2) 集成得到的结果仍为区间直觉模糊数，且

$$IIFCOWG_{w, \tilde{v}}(\tilde{a}_1, \tilde{a}_2, \cdots, \tilde{a}_n) =$$
$$(\,[\, \prod_{j=1}^{n} a_{\sigma(j)}^{w_j}, \prod_{j=1}^{n} b_{\sigma(j)}^{w_j}\,]\,, [\, 1 - \prod_{j=1}^{n}(1 - c_{\sigma(j)})^{w_j}, 1 - \prod_{j=1}^{n}(1 - d_{\sigma(j)})^{w_j}\,]\,)$$

$$(3.3)$$

证明： 由定义 2.6 和定义 3.9 易得，式 (3.2) 集结的结果仍为区间直觉模糊数；式 (3.3) 用数学归纳法易证。

3.3　基于 IIFCOWA 算子或 IIFCOWG 算子的模糊多属性决策方法

首先引入基于区间直觉模糊数的模糊多属性决策问题的基本模型：

若 $X = \{x_1, x_2, \cdots, x_m\}$ 是备选方案集，$S = \{s_1, s_2, \cdots, s_n\}$ 是属性集，$\tilde{v} = (\tilde{v}_1, \tilde{v}_2, \cdots, \tilde{v}_n)$ 是属性权重向量，且 $\tilde{v}_j \in [\,0, 1\,]$，$\sum\limits_{j=1}^{n} \tilde{v}_j = 1$。

设方案 x_i 对属性 s_j 的决策信息是区间直觉模糊数

$$\tilde{a}_{x_i}(s_j) = (\mu_{x_i}(s_j), \lambda_{x_i}(s_j))$$

从而构成决策矩阵

$$\tilde{A} = ((\tilde{a}_{x_i}(s_j))_{m \times n} = (\mu_{x_i}(s_j), \lambda_{x_i}(s_j))_{m \times n}, (i = 1, 2, \cdots, m; j = 1, 2, \cdots, n)$$

最常见的属性类型分为效益型和成本型两种：效益型是指属性值越大越好的属性；成本型是指属性值越小越好的属性。

基于 IIFCOWA 算子或 IIFCOWG 算子，以下给出模糊多属性决策方法的具体步骤。

第一步：建立区间直觉模糊判断矩阵。

$$\tilde{A} = (\tilde{a}_{x_i}(s_j))_{m \times n} = (\mu_{x_i}(s_j), \lambda_{x_i}(s_j))_{m \times n}$$

第二步：利用式（3.4）[138]

$$w_j = \frac{e^{-[(j - \mu_n)^2 / 2\sigma_n^2]}}{\sum\limits_{j=1}^{n} e^{-[(j - \mu_n)^2 / 2\sigma_n^2]}}, (j = 1, 2, \cdots, n) \tag{3.4}$$

式中，$\mu_n = \dfrac{n+1}{2}$；$\sigma_n = \sqrt{\dfrac{1}{n} \sum\limits_{j=1}^{n} (j - \mu_n)^2}$；$w_j \in [0, 1]$，$\sum\limits_{j=1}^{n} w_j = 1$。计算与 IIFCOWA 算子相关的位置权重向量 $w = \{w_1, w_2, \cdots, w_n\}^{\mathrm{T}}$。

第三步：利用 IIFCOWA 算子或 IIFCOWG 算子对第 i 行属性值进行综合集结，得到决策者对方案 $x_i(i = 1, 2, \cdots, m)$ 的综合属性值 $V_i(i = 1, 2, \cdots, m)$。

第四步：根据方案 $x_i(i = 1, 2, \cdots, m)$ 的综合属性值 $V_i(i = 1, 2, \cdots, m)$，计算排序函数值 $D(V_i)(i = 1, 2, \cdots, m)$，并由定义 3.5 得出 V_1，

V_2，…，V_m 的排序结果，最终由 V_1，V_2，…，V_m 的排序确定各方案 x_1，x_2，…，x_m 的排序并择优。

3.4　本章小结

本章提出了区间直觉模糊数的排序函数的概念，与已有文献中的区间直觉模糊数的排序方法做了一个简单的比较，并给出了区间直觉模糊数排序函数的一些简单的性质。为了集结区间直觉模糊数形式的属性值，推广了组合有序加权算术平均（COWA）算子和组合有序加权几何平均（COWG）算子，运用推广后的区间直觉模糊组合有序加权算术平均（IIFCOWA）算子或区间直觉模糊组合有序加权几何平均（IIFCOWG）算子集结区间直觉模糊数形式的属性值，给出基于区间直觉模糊数的模糊多属性决策方法。当然，IIFCOWA 算子或 IIFCOWG 算子也可以应用到群决策中，如集结不同决策者给出的不同决策信息或集结方案的属性值。

第❹章　基于梯形直觉模糊数的
模糊多属性决策方法

第 3 章对属性值是区间直觉模糊数的模糊多属性决策方法进行了研究，本章将对属性值的形式做进一步推广，提出梯形直觉模糊数的可能度概念，推广导出有序加权算术平均（IOWA）算子和导出有序加权几何平均（IOWG）算子，提出一种属性值为梯形直觉模糊数的模糊多属性决策方法。

4.1　梯形直觉模糊数的比较及可能度

4.1.1　梯形直觉模糊数的比较

定义 4.1[23]　设 $A = ([\mu^L, \mu^{ML}, \mu^{MU}, \mu^U], [\nu^L, \nu^{ML}, \nu^{MU}, \nu^U])$ 是一个梯形直觉模糊数，则称

$$\Delta(A) = \frac{\mu^L - \nu^L + \mu^{ML} - \nu^{ML} + \mu^{MU} - \nu^{MU} + \mu^U - \nu^U}{4} \tag{4.1}$$

为 A 的得分函数，$\Delta(A) \in [-1, 1]$。

显然，$\Delta(A)$ 的值越大，梯形直觉模糊数 A 的排序越高。特别地：

①若 $\Delta(A) = 1$，则 A 是最大的，且 $A = ([1,1,1,1],[0,0,0,0])$。

②若 $\Delta(A) = -1$，则 A 是最小的，且 $A = ([0,0,0,0],[1,1,1,1])$。

定义 4.2[23]　设 $A = ([\mu^L,\mu^{ML},\mu^{MU},\mu^U],[\nu^L,\nu^{ML},\nu^{MU},\nu^U])$ 是一个梯形直觉模糊数，则称

$$E(A) = \frac{\mu^L + \nu^L + \mu^{ML} + \nu^{ML} + \mu^{MU} + \nu^{MU} + \mu^U + \nu^U}{4} \qquad (4.2)$$

为 A 的精确函数，$E(A) \in [0,1]$。

显然，$E(A)$ 越大，梯形直觉模糊数 A 的排序越高。

设 A_1 和 A_2 是两个待排序的梯形直觉模糊数，$A_1 > A_2$ 表示 A_1 的排序高于 A_2，$A_1 \sim A_2$ 表示 A_1 与 A_2 的排序相同，$A_1 < A_2$ 等价于 $A_2 > A_1$。

定义 4.3[23]　设 A_1 和 A_2 是两个梯形直觉模糊数，则有：

①若 $\Delta(A_1) < \Delta(A_2)$，则 $A_1 < A_2$。

②若 $\Delta(A_1) = \Delta(A_2)$，则当 $E(A_1) = E(A_2)$ 时，可得 $A_1 \sim A_2$；当 $E(A_1) < E(A_2)$ 时，可得 $A_1 < A_2$。

基于以上内容，可以得到如下结论：

命题 4.1　设 $A_1 = ([\mu_1^L,\mu_1^{ML},\mu_1^{MU},\mu_1^U],[\nu_1^L,\nu_1^{ML},\nu_1^{MU},\nu_1^U])$ 和 $A_2 = ([\mu_2^L,\mu_2^{ML},\mu_2^{MU},\mu_2^U],[\nu_2^L,\nu_2^{ML},\nu_2^{MU},\nu_2^U])$ 是两个梯形直觉模糊数，若 $\mu_1^L < \mu_2^L$，$\mu_1^{ML} < \mu_2^{ML}$，$\mu_1^{MU} < \mu_2^{MU}$，$\mu_1^U < \mu_2^U$，$\nu_1^L > \nu_2^L$，$\nu_1^{ML} > \nu_2^{ML}$，$\nu_1^{MU} > \nu_2^{MU}$，$\nu_1^U > \nu_2^U$

则
$$A_1 < A_2$$

证明： 由定义 4.1 和定义 4.3 易证。

4.1.2　梯形直觉模糊数的可能度

引入梯形模糊数的可能度概念，注意到决策者对待风险有不同的态

度，给出了与风险因素 $\lambda \in [0,1]$ 相关的梯形模糊数的可能度。

1. 梯形模糊数的可能度

定义 4.4[139]　设 $A_i = (a_i, b_i, c_i, d_i)$ 和 $A_j = (a_j, b_j, c_j, d_j)(i,j \in N)$ 是两个梯形模糊数，则称

$$p(A_i \geq A_j) = \frac{\lambda}{2} \max\left\{1 - \max\left\{\frac{b_j - a_i}{b_i - a_i + b_j - a_j}, 0\right\}, 0\right\} +$$

$$\frac{1}{2} \max\left\{1 - \max\left\{\frac{c_j - b_i}{c_i - b_i + c_j - b_j}, 0\right\}, 0\right\} + \quad (4.3)$$

$$\frac{1 - \lambda}{2} \max\left\{1 - \max\left\{\frac{d_j - c_i}{d_i - c_i + d_j - c_j}, 0\right\}, 0\right\}$$

为 $A_i \geq A_j$ 的可能度，此处 $\lambda \in [0,1]$。

在定义 4.4 中，实数 λ 表示决策者对待风险的态度。当 $\lambda \in [0, \frac{1}{2})$ 时，称决策者是追求风险的；当 $\lambda = \frac{1}{2}$ 时，称决策者对待风险的态度是中立的；当 $\lambda \in (\frac{1}{2}, 1]$ 时，称决策者是厌恶风险的。

2. 梯形直觉模糊数的可能度

基于以上梯形模糊数的可能度定义，以下定义梯形直觉模糊数的可能度，并讨论其相关性质。

定义 4.5　设 $A_i = ([\mu_i^L, \mu_i^{ML}, \mu_i^{MU}, \mu_i^U], [\nu_i^L, \nu_i^{ML}, \nu_i^{MU}, \nu_i^U])$ 和 $A_j = ([\mu_j^L, \mu_j^{ML}, \mu_j^{MU}, \mu_j^U], [\nu_j^L, \nu_j^{ML}, \nu_j^{MU}, \nu_j^U])(i,j \in N)$ 是两个梯形直觉模糊数，则称

$$p(A_i \geq A_j) = \frac{1}{2}\big[p([\mu_i^L,\mu_i^{ML},\mu_i^{MU},\mu_i^U] \geq [\mu_j^L,\mu_j^{ML},\mu_j^{MU},\mu_j^U]) +$$

$$p([\nu_j^L,\nu_j^{ML},\nu_j^{MU},\nu_j^U] \geq [\nu_i^L,\nu_i^{ML},\nu_i^{MU},\nu_i^U])\big] \tag{4.4}$$

是 $A_i \geq A_j$ 的可能度。显然有：

① $0 \leq p(A_i \geq A_j) \leq 1$。

② $p(A_i \geq A_j) + p(A_i \leq A_j) = 1$。特别地，当 $i=j$ 时，$p(A_i \geq A_j) =$

$p(A_i \leq A_j) = \dfrac{1}{2}$。

4.2　TIFIOWA 算子和 TIFIOWG 算子

本节首先引入 IOWA 算子和 IOWG 算子。在此基础上，提出 IOWA 算子和 IOWG 算子的推广形式，即梯形直觉模糊导出有序加权算术平均（TIFIOWA）算子和梯形直觉模糊导出有序加权几何平均（TIFIOWG）算子[140]。

4.2.1　IOWA 算子和 IOWG 算子

定义 4.6[58]　设映射 $IOWA_w:(\boldsymbol{R} \times \boldsymbol{R})^n \to \boldsymbol{R}$，与 IOWA 相关联的加权向量为 $\boldsymbol{w} = (w_1,w_2,\cdots,w_n)^{\mathrm{T}}, w_j \in [0,1], \sum_{j=1}^{n} w_j = 1$，定义

$$IOWA_w(\langle u_1,a_1 \rangle,\langle u_2,a_2 \rangle,\cdots,\langle u_n,a_n \rangle) = \sum_{j=1}^{n} w_j a_{\sigma(j)}$$

式中，$\sigma(j)$ 是 $\{u_1,u_2,\cdots,u_n\}$ 中第 j 个最大元素的下标；$a_{\sigma(j)}$ 是二元组 $\langle u_{\sigma(j)},a_{\sigma(j)} \rangle$ 中的第二个分量，则称 IOWA 为导出有序加权算术平均算子。

定义 4. 7[59]   设映射 $IOWG_w: (\boldsymbol{R} \times \boldsymbol{R})^n \to \boldsymbol{R}$，与 IOWG 相关联的加权向量为 $\boldsymbol{w} = (w_1, w_2, \cdots, w_n)^T, w_j \in [0,1], \sum\limits_{j=1}^{n} w_j = 1$，定义

$$IOWG_w(\langle u_1, a_1 \rangle, \langle u_2, a_2 \rangle, \cdots, \langle u_n, a_n \rangle) = \prod_{j=1}^{n} a_{\sigma(j)}^{w_j}$$

式中，$\sigma(j)$ 是 $\{u_1, u_2, \cdots, u_n\}$ 中第 j 个最大元素的下标；$a_{\sigma(j)}$ 是二元组 $\langle u_{\sigma(j)}, a_{\sigma(j)} \rangle$ 中的第二个分量，则称 IOWG 为导出有序加权几何平均算子。

4.2.2　IOWA 算子和 IOWG 算子的推广

先引入确定权重的方法，具体方法有很多种[121]。本小节涉及的权重向量 $w = (w_1, w_2, \cdots, w_n)^T$ 利用式（4.5）计算[55]

$$w_i = Q\left(\frac{i}{n}\right) - Q\left(\frac{i-1}{n}\right), (i = 1, 2, \cdots, n) \tag{4.5}$$

且式（4.5）中的模糊语义量化算子 Q 为

$$Q(r) = \begin{cases} 0, & r < \alpha \\ \dfrac{r - \alpha}{\beta - \alpha}, & \alpha \leqslant r \leqslant \beta \\ 1, & r > \beta \end{cases} \tag{4.6}$$

式中，$\alpha, \beta, \gamma \in [0,1]$。对于模糊语义量化准则："大多数""至少半数""尽可能多"，对应算子 Q 中的参数对 (α, β) 分别是 $(\alpha, \beta) = (0.3, 0.8), (\alpha, \beta) = (0, 0.5)$ 和 $(\alpha, \beta) = (0.5, 1)$。

1. 基于梯形直觉模糊数的 IOWA 算子和 IOWG 算子的推广形式

设 Ω 是全体梯形直觉模糊数构成的集合。

定义 4.8 设映射 $TIFIOWA_w$：$(R \times \Omega)^n \to \Omega$，与 TIFIOWA 相关联的加权向量为 $w = (w_1, w_2, \cdots, w_n)^T, w_j \in [0,1], \sum\limits_{j=1}^{n} w_j = 1$，定义

$$TIFIOWA_w(\langle u_1, A_1 \rangle, \langle u_2, A_2 \rangle, \cdots, \langle u_n, A_n \rangle) =$$
$$w_1 A_{\sigma(1)} \oplus w_2 A_{\sigma(2)} \oplus \cdots \oplus w_n A_{\sigma(n)} \qquad (4.7)$$

式中，$\sigma(j)$ 是 $\{u_1, u_2, \cdots, u_n\}$ 中第 j 个最大元素的下标，$A_{\sigma(j)}$ 是二元组 $\langle u_{\sigma(j)}, A_{\sigma(j)} \rangle$ 中的第二个分量，则称 TIFIOWA 为梯形直觉模糊导出有序加权算术平均算子。

例 4.1 假设

$$\langle u_1, A_1 \rangle = \langle 0.30, ([0.32, 0.46, 0.60, 0.70], [0.10, 0.20, 0.26, 0.30]) \rangle$$
$$\langle u_2, A_2 \rangle = \langle 0.20, ([0.40, 0.48, 0.56, 0.64], [0.12, 0.18, 0.23, 0.36]) \rangle$$
$$\langle u_3, A_3 \rangle = \langle 0.40, ([0.35, 0.50, 0.57, 0.65], [0.15, 0.22, 0.29, 0.33]) \rangle$$
$$\langle u_4, A_4 \rangle = \langle 0.10, ([0.38, 0.52, 0.60, 0.63], [0.14, 0.23, 0.31, 0.35]) \rangle$$

采用模糊语义量化"大多数"准则，运用式（4.5）和式（4.6），计算 TIFIOWA 算子的相关加权向量为 $w = (w_1, w_2, w_3, w_4)^T = (0, 0.40, 0.50, 0.10)^T$。

由定义 4.8 得：

$$\langle u_{\sigma(1)}, A_{\sigma(1)} \rangle = \langle 0.40, ([0.35, 0.50, 0.57, 0.65], [0.15, 0.22, 0.29, 0.33]) \rangle$$
$$\langle u_{\sigma(2)}, A_{\sigma(2)} \rangle = \langle 0.30, ([0.32, 0.46, 0.60, 0.70], [0.10, 0.20, 0.26, 0.30]) \rangle$$
$$\langle u_{\sigma(3)}, A_{\sigma(3)} \rangle = \langle 0.20, ([0.40, 0.48, 0.56, 0.64], [0.12, 0.18, 0.23, 0.36]) \rangle$$
$$\langle u_{\sigma(4)}, A_{\sigma(4)} \rangle = \langle 0.10, ([0.38, 0.52, 0.60, 0.63], [0.14, 0.23, 0.31, 0.35]) \rangle$$

因此

$$TIFIOWA_w(\langle u_1,A_1\rangle,\langle u_2,A_2\rangle,\langle u_3,A_3\rangle,\langle u_4,A_4\rangle)$$

$$=w_1A_{\sigma(1)}\oplus w_2A_{\sigma(2)}\oplus w_3A_{\sigma(3)}\oplus w_4A_{\sigma(4)}$$

$$=w_1A_3\oplus w_2A_1\oplus w_3A_2\oplus w_3A_4$$

$$=0\cdot A_3\oplus 0.40A_1\oplus 0.50A_2\oplus 0.10A_4$$

$$=([0.3672,0.4763,0.5806,0.6644],$$

$$[0.1133,0.1924,0.2489,0.3337])$$

定义 4.9 设映射 $TIFIOWG_w:(\boldsymbol{R}\times\Omega)^n\to\Omega$，与 TIFIOWG 相关

联的加权向量为 $\boldsymbol{w}=(w_1,w_2,\cdots,w_n)^{\mathrm{T}},w_j\in[0,1],\sum\limits_{j=1}^n w_j=1$。定义

$$TIFIOWG_w(\langle u_1,A_1\rangle,\langle u_2,A_2\rangle,\cdots,\langle u_n,A_n\rangle)$$

$$=A_{\sigma(1)}^{w_1}\otimes A_{\sigma(2)}^{w_2}\otimes\cdots\otimes A_{\sigma(n)}^{w_n} \tag{4.8}$$

式中，$\sigma(j)$ 是 $\{u_1,u_2,\cdots,u_n\}$ 中第 j 个最大元素的下标，$A_{\sigma(j)}$ 是二元组 $\langle u_{\sigma(j)},A_{\sigma(j)}\rangle$ 中的第二个分量，则称 TIFIOWG 为梯形直觉模糊导出有序加权几何平均算子。

2. TIFIOWA 算子和 TIFIOWG 算子的三种特殊情况

①若 $w=(1,0,\cdots,0)^{\mathrm{T}}$，则

$$TIFIOWA_w(\langle u_1,A_1\rangle,\langle u_2,A_2\rangle,\cdots,\langle u_n,A_n\rangle)=A_{\sigma(1)}$$

$$TIFIOWG_w(\langle u_1,A_1\rangle,\langle u_2,A_2\rangle,\cdots,\langle u_n,A_n\rangle)=A_{\sigma(1)}$$

②若 $w=(0,0,\cdots,1)^{\mathrm{T}}$，则

$$TIFIOWA_w(\langle u_1,A_1\rangle,\langle u_2,A_2\rangle,\cdots,\langle u_n,A_n\rangle)=A_{\sigma(n)}$$

$$TIFIOWG_w(\langle u_1,A_1\rangle,\langle u_2,A_2\rangle,\cdots,\langle u_n,A_n\rangle)=A_{\sigma(n)}$$

③若 $w = (\dfrac{1}{n}, \dfrac{1}{n}, \cdots, \dfrac{1}{n})^{\mathrm{T}}$，则

$$TIFIOWA_w(\langle u_1, A_1 \rangle, \langle u_2, A_2 \rangle, \cdots, \langle u_n, A_n \rangle)$$

$$= \frac{1}{n}(A_1 \oplus A_2 \oplus \cdots \oplus A_n)$$

$$TIFIOWG_w(\langle u_1, A_1 \rangle, \langle u_2, A_2 \rangle, \cdots, \langle u_n, A_n \rangle)$$

$$= (A_1)^{\frac{1}{n}} \otimes (A_2)^{\frac{1}{n}} \otimes \cdots \otimes (A_n)^{\frac{1}{n}}$$

定理 4.1　设 $A_i = ([\mu_i^L, \mu_i^{ML}, \mu_i^{MU}, \mu_i^U], [\nu_i^L, \nu_i^{ML}, \nu_i^{MU}, \nu_i^U])(i = 1, 2, \cdots, n)$ 是梯形直觉模糊数，则由式（4.7）集结得到的结果仍为梯形直觉模糊数，且

$$TIFIOWA_w(\langle u_1, A_1 \rangle, \langle u_2, A_2 \rangle, \cdots, \langle u_n, A_n \rangle)$$

$$= w_1 A_{\sigma(1)} \oplus w_2 A_{\sigma(2)} \oplus \cdots \oplus w_n A_{\sigma(n)}$$

$$= ([1 - \prod_{i=1}^{n}(1 - \mu_{\sigma(i)}^L)^{w_i}, 1 - \prod_{i=1}^{n}(1 - \mu_{\sigma(i)}^{ML})^{w_i}, \qquad (4.9)$$

$$1 - \prod_{i=1}^{n}(1 - \mu_{\sigma(i)}^{MU})^{w_i}, 1 - \prod_{i=1}^{n}(1 - \mu_{\sigma(i)}^U)^{w_i}],$$

$$[\prod_{i=1}^{n}(\nu_{\sigma(i)}^L)^{w_i}, \prod_{i=1}^{n}(\nu_{\sigma(i)}^{ML})^{w_i}, \prod_{i=1}^{n}(\nu_{\sigma(i)}^{MU})^{w_i}, \prod_{i=1}^{n}(\nu_{\sigma(i)}^U)^{w_i}])$$

证明：由定义 2.8 和定义 4.8 易知，式（4.7）集结得到的结果仍为梯形直觉模糊数。

下面用数学归纳法证明式（4.9）：

当 $n = 1$ 时，显然成立。

当 $n = k$ 时，假设

$$TIFIOWA_w(\langle u_1,A_1\rangle,\langle u_2,A_2\rangle,\cdots,\langle u_k,A_k\rangle)$$

$$= w_1A_{\sigma(1)} \oplus w_2A_{\sigma(2)} \oplus \cdots \oplus w_kA_{\sigma(k)}$$

$$= \Big(\Big[1 - \prod_{i=1}^{k}(1-\mu_{\sigma(i)}^{L})^{w_i}, 1 - \prod_{i=1}^{k}(1-\mu_{\sigma(i)}^{ML})^{w_i},$$

$$1 - \prod_{i=1}^{k}(1-\mu_{\sigma(i)}^{MU})^{w_i}, 1 - \prod_{i=1}^{k}(1-\mu_{\sigma(i)}^{U})^{w_i}\Big],$$

$$\Big[\prod_{i=1}^{k}(\nu_{\sigma(i)}^{L})^{w_i}, \prod_{i=1}^{k}(\nu_{\sigma(i)}^{ML})^{w_i}, \prod_{i=1}^{k}(\nu_{\sigma(i)}^{MU})^{w_i}, \prod_{i=1}^{k}(\nu_{\sigma(i)}^{U})^{w_i}\Big]\Big)$$

那么，当 $n = k + 1$ 时，有

$$TIFIOWA_w(\langle u_1,A_1\rangle,\langle u_2,A_2\rangle,\cdots,\langle u_{k+1},A_{k+1}\rangle)$$

$$= w_1A_{\sigma(1)} \oplus w_2A_{\sigma(2)} \oplus \cdots \oplus w_{k+1}A_{\sigma(k+1)}$$

$$= (w_1A_{\sigma(1)} \oplus w_2A_{\sigma(2)} \oplus \cdots \oplus w_kA_{\sigma(k)}) \oplus w_{k+1}A_{\sigma(k+1)}$$

$$= \Big(\Big[1 - \prod_{i=1}^{k}(1-\mu_{\sigma(i)}^{L})^{w_i}, 1 - \prod_{i=1}^{k}(1-\mu_{\sigma(i)}^{ML})^{w_i}, 1 - \prod_{i=1}^{k}(1-\mu_{\sigma(i)}^{MU})^{w_i},$$

$$1 - \prod_{i=1}^{k}(1-\mu_{\sigma(i)}^{U})^{w_i}\Big], \Big[\prod_{i=1}^{k}(\nu_{\sigma(i)}^{L})^{w_i}, \prod_{i=1}^{k}(\nu_{\sigma(i)}^{ML})^{w_i}, \prod_{i=1}^{k}(\nu_{\sigma(i)}^{MU})^{w_i},$$

$$\prod_{i=1}^{k}(\nu_{\sigma(i)}^{U})^{w_i}\Big]\Big) \oplus \Big(\Big[1 -(1-\mu_{\sigma(k+1)}^{L})^{w_{k+1}}, 1 -(1-\mu_{\sigma(k+1)}^{ML})^{w_{k+1}},$$

$$1 -(1-\mu_{\sigma(k+1)}^{MU})^{w_{k+1}}, 1 -(1-\mu_{\sigma(k+1)}^{U})^{w_{k+1}}\Big], \Big[(\nu_{\sigma(k+1)}^{L})^{w_{k+1}},$$

$$(\nu_{\sigma(k+1)}^{ML})^{w_{k+1}}, (\nu_{\sigma(k+1)}^{MU})^{w_{k+1}}, (\nu_{\sigma(k+1)}^{U})^{w_{k+1}}\Big]\Big)$$

$$= \Big(\Big[1 - \prod_{i=1}^{k+1}(1-\mu_{\sigma(i)}^{L})^{w_i}, 1 - \prod_{i=1}^{k+1}(1-\mu_{\sigma(i)}^{ML})^{w_i}, 1 - \prod_{i=1}^{k+1}(1-\mu_{\sigma(i)}^{MU})^{w_i},$$

$$1 - \prod_{i=1}^{k+1}(1-\mu_{\sigma(i)}^{U})^{w_i}\Big], \Big[\prod_{i=1}^{k+1}(\nu_{\sigma(i)}^{L})^{w_i}, \prod_{i=1}^{k+1}(\nu_{\sigma(i)}^{ML})^{w_i}, \prod_{i=1}^{k+1}(\nu_{\sigma(i)}^{MU})^{w_i},$$

$$\prod_{i=1}^{k+1}(\nu_{\sigma(i)}^{U})^{w_i}\Big]\Big)$$

因此，由数学归纳法可得：对于一切自然数 n，式（4.9）成立。

定理 4.2　设 $A_i = ([\mu_i^L, \mu_i^{ML}, \mu_i^{MU}, \mu_i^U], [\nu_i^L, \nu_i^{ML}, \nu_i^{MU}, \nu_i^U])$，$(i = 1,$ $2, \cdots, n)$ 是梯形直觉模糊数，则由式（4.8）集结的结果仍为梯形直觉模糊数，且

$$TIFIOWG_w(\langle u_1, A_1 \rangle, \langle u_2, A_2 \rangle, \cdots, \langle u_n, A_n \rangle)$$

$$= A_{\sigma(1)}^{w_1} \otimes A_{\sigma(2)}^{w_2} \otimes \cdots \otimes A_{\sigma(n)}^{w_n}$$

$$= \left(\left[\prod_{i=1}^n (\mu_{\sigma(i)}^L)^{w_i}, \prod_{i=1}^n (\mu_{\sigma(i)}^{ML})^{w_i}, \prod_{i=1}^n (\mu_{\sigma(i)}^{MU})^{w_i}, \prod_{i=1}^n (\mu_{\sigma(i)}^U)^{w_i} \right], \right. \tag{4.10}$$

$$\left[1 - \prod_{i=1}^n (1 - \nu_{\sigma(i)}^L)^{w_i}, 1 - \prod_{i=1}^n (1 - \nu_{\sigma(i)}^{ML})^{w_i}, \right.$$

$$\left. 1 - \prod_{i=1}^n (1 - \nu_{\sigma(i)}^{MU})^{w_i}, 1 - \prod_{i=1}^n (1 - \nu_{\sigma(i)}^U)^{w_i} \right])$$

证明：由定义 2.8 和定义 4.9 易知，式（4.8）集结的结果仍为梯形直觉模糊数。式（4.10）的证明与定理 4.1 的证明类似（略）。

3. TIFIOWA 算子和 TIFIOWG 算子的相关性质

命题 4.2　设 $\{A_1, A_2, \cdots, A_n\}$ 是一组梯形直觉模糊数，若对 $\forall i \in N$，$A_i = A = ([\mu^L, \mu^{ML}, \mu^{MU}, \mu^U], [\nu^L, \nu^{ML}, \nu^{MU}, \nu^U])$，则

$$TIFIOWA_w(\langle u_1, A_1 \rangle, \langle u_2, A_2 \rangle, \cdots, \langle u_n, A_n \rangle) = A$$

$$TIFIOWG_w(\langle u_1, A_1 \rangle, \langle u_2, A_2 \rangle, \cdots, \langle u_n, A_n \rangle) = A$$

证明：设 $\sigma(i)$ 是 $\{u_1, u_2, \cdots, u_n\}$ 中第 i 个最大值的下标，由于

$$A_i = A(i = 1, 2, \cdots, n) \text{ 且} \sum_{i=1}^n w_i = 1$$

则 $TIFIOWA_w(\langle u_1, A_1 \rangle, \langle u_2, A_2 \rangle, \cdots, \langle u_n, A_n \rangle)$

$= w_1 A_{\sigma(1)} \oplus w_2 A_{\sigma(2)} \oplus \cdots \oplus w_n A_{\sigma(n)}$

$= w_1 A \oplus w_2 A \oplus \cdots \oplus w_n A$

$= \left(\left[1 - \prod\limits_{i=1}^{n} (1 - \mu^L)^{w_i}, \; 1 - \prod\limits_{i=1}^{n} (1 - \mu^{ML})^{w_i}, \; 1 - \prod\limits_{i=1}^{n} (1 - \mu^{MU})^{w_i}, \right. \right.$

$\left. 1 - \prod\limits_{i=1}^{n} (1 - \mu^U)^{w_i} \right], \; \left[\prod\limits_{i=1}^{n} (\nu^L)^{w_i}, \; \prod\limits_{i=1}^{n} (\nu^{ML})^{w_i}, \; \prod\limits_{i=1}^{n} (\nu^{MU})^{w_i}, \right.$

$\left. \left. \prod\limits_{i=1}^{n} (\nu^U)^{w_i} \right] \right)$

$= \left(\left[\mu^L, \; \mu^{ML}, \; \mu^{MU}, \; \mu^U \right], \; \left[\nu^L, \; \nu^{ML}, \; \nu^{MU}, \; \nu^U \right] \right)$

$= A$

类似地, $TIFIOWG_w(\langle u_1, A_1 \rangle, \langle u_2, A_2 \rangle, \cdots, \langle u_n, A_n \rangle) = A$。

命题4.3 设 $(\sigma(1), \sigma(2), \cdots, \sigma(n))$ 是 $(1, 2, \cdots, n)$ 的任一置换, $\{A_1, A_2, \cdots, A_n\}$ 是一组梯形直觉模糊数, 则

$TIFIOWA_w(\langle u_1, A_1 \rangle, \langle u_2, A_2 \rangle, \cdots, \langle u_n, A_n \rangle)$

$\quad = TIFIOWA_w(\langle u_{\sigma(1)}, A_{\sigma(1)} \rangle, \langle u_{\sigma(2)}, A_{\sigma(2)} \rangle, \cdots, \langle u_{\sigma(n)}, A_{\sigma(n)} \rangle)$

$TIFIOWG_w(\langle u_1, A_1 \rangle, \langle u_2, A_2 \rangle, \cdots, \langle u_n, A_n \rangle)$

$\quad = TIFIOWG_w(\langle u_{\sigma(1)}, A_{\sigma(1)} \rangle, \langle u_{\sigma(2)}, A_{\sigma(2)} \rangle, \cdots, \langle u_{\sigma(n)}, A_{\sigma(n)} \rangle)$

证明: 设 u_i' 和 u_i'' 分别是 $\{u_1, u_2, \cdots, u_n\}$ 和 $\{u_{\sigma(1)}, u_{\sigma(2)}, \cdots, u_{\sigma(n)}\}$ 中第 i 个最大值的下标, 由于 $(\sigma(1), \sigma(2), \cdots, \sigma(n))$ 是 $(1, 2, \cdots, n)$ 的任一置换, 则

$$u_i' = u_i'', (i = 1, 2, \cdots, n)$$

设 A_i' 和 A_i'' 分别是 $\langle u_i', A_i' \rangle$ 和 $\langle u_i'', A_i'' \rangle$ 中的第二个分量, 由已知条件可知

$$A_i' = A_i'', \; (i = 1, 2, \cdots, n)$$

所以

$$TIFIOWA_w(\langle u_1,A_1 \rangle, \langle u_2,A_2 \rangle, \cdots, \langle u_n,A_n \rangle)$$

$$= w_1A_1^{'} \oplus w_2A_2^{'} \oplus \cdots \oplus w_nA_n^{'}$$

$$= w_1A_1^{''} \oplus w_2A_2^{''} \oplus \cdots \oplus w_nA_n^{''}$$

$$= TIFIOWA_w(\langle u_{\sigma(1)},A_{\sigma(1)} \rangle, \langle u_{\sigma(2)},A_{\sigma(2)} \rangle, \cdots, \langle u_{\sigma(n)},A_{\sigma(n)} \rangle)$$

类似地，

$$TIFIOWG_w(\langle u_1,A_1 \rangle, \langle u_2,A_2 \rangle, \cdots, \langle u_n,A_n \rangle)$$

$$= TIFIOWG_w(\langle u_{\sigma(1)},A_{\sigma(1)} \rangle, \langle u_{\sigma(2)},A_{\sigma(2)} \rangle, \cdots, \langle u_{\sigma(n)},A_{\sigma(n)} \rangle)_\circ$$

命题 4.4　设 $\{\hat{A}_1,\hat{A}_2,\cdots,\hat{A}_n\}$ 和 $\{A_1,A_2,\cdots,A_n\}$ 是两组梯形直觉模糊数, $\hat{A}_i$ 和 $A_i(i=1,2,\cdots,n)$ 分别定义如下：

$$\hat{A}_i = ([\hat{\mu}_i^L,\hat{\mu}_i^{ML},\hat{\mu}_i^{MU},\hat{\mu}_i^U],[\hat{\nu}_i^L,\hat{\nu}_i^{ML},\hat{\nu}_i^{MU},\hat{\nu}_i^U])$$

$$A_i = ([\mu_i^L,\mu_i^{ML},\mu_i^{MU},\mu_i^U],[\nu_i^L,\nu_i^{ML},\nu_i^{MU},\nu_i^U])$$

若对 $\forall i \in N$

$$\hat{\mu}_i^L < \mu_i^L, \hat{\mu}_i^{ML} < \mu_i^{ML}, \hat{\mu}_i^{MU} < \mu_i^{MU}, \hat{\mu}_i^U < \mu_i^U$$

$$\hat{\nu}_i^L > \nu_i^L, \hat{\nu}_i^{ML} > \nu_i^{ML}, \hat{\nu}_i^{MU} > \nu_i^{MU}, \hat{\nu}_i^U > \nu_i^U$$

则

$$TIFIOWA_w(\langle u_1,\hat{A}_1 \rangle, \langle u_2,\hat{A}_2 \rangle, \cdots, \langle u_n,\hat{A}_n \rangle)$$

$$\leq TIFIOWA_w(\langle u_1,A_1 \rangle, \langle u_2,A_2 \rangle, \cdots, \langle u_n,A_n \rangle)$$

$$TIFIOWG_w(\langle u_1,\hat{A}_1 \rangle, \langle u_2,\hat{A}_2 \rangle, \cdots, \langle u_n,\hat{A}_n \rangle)$$

$$\leq TIFIOWG_w(\langle u_1,A_1 \rangle, \langle u_2,A_2 \rangle, \cdots, \langle u_n,A_n \rangle)$$

证明： 设 $\sigma(i)$ 是 $\{u_1,u_2,\cdots,u_n\}$ 中第 i 个最大值的下标，若对 $\forall i \in N$

$$\hat{\mu}_i^L < \mu_i^L, \hat{\mu}_i^{ML} < \mu_i^{ML}, \hat{\mu}_i^{MU} < \mu_i^{MU}, \hat{\mu}_i^U < \mu_i^U$$

$$\hat{\nu}_i^L > \nu_i^L, \hat{\nu}_i^{ML} > \nu_i^{ML}, \hat{\nu}_i^{MU} > \nu_i^{MU}, \hat{\nu}_i^U > \nu_i^U$$

则

$$TIFIOWA_w(\langle u_1, \hat{A}_1 \rangle, \langle u_2, \hat{A}_2 \rangle, \cdots, \langle u_n, \hat{A}_n \rangle)$$

$$= w_1 \hat{A}_{\sigma(1)} \oplus w_2 \hat{A}_{\sigma(2)} \oplus \cdots \oplus w_n \hat{A}_{\sigma(n)}$$

$$= \left(\left[1 - \prod_{i=1}^n (1 - \hat{\mu}_{\sigma(i)}^L)^{w_i}, 1 - \prod_{i=1}^n (1 - \hat{\mu}_{\sigma(i)}^{ML})^{w_i}, 1 - \prod_{i=1}^n (1 - \hat{\mu}_{\sigma(i)}^{MU})^{w_i}, \right.\right.$$

$$\left. 1 - \prod_{i=1}^n (1 - \hat{\mu}_{\sigma(i)}^U)^{w_i} \right], \left[\prod_{i=1}^n (\hat{\nu}_{\sigma(i)}^L)^{w_i}, \prod_{i=1}^n (\hat{\nu}_{\sigma(i)}^{ML})^{w_i}, \prod_{i=1}^n (\hat{\nu}_{\sigma(i)}^{MU})^{w_i}, \right.$$

$$\left.\left. \prod_{i=1}^n (\hat{\nu}_{\sigma(i)}^U)^{w_i} \right] \right)$$

$$TIFIOWA_w(\langle u_1, A_1 \rangle, \langle u_2, A_2 \rangle, \cdots, \langle u_n, A_n \rangle)$$

$$= w_1 A_{\sigma(1)} \oplus w_2 A_{\sigma(2)} \oplus \cdots \oplus w_n A_{\sigma(n)}$$

$$= \left(\left[1 - \prod_{i=1}^n (1 - \mu_{\sigma(i)}^L)^{w_i}, 1 - \prod_{i=1}^n (1 - \mu_{\sigma(i)}^{ML})^{w_i}, 1 - \prod_{i=1}^n (1 - \mu_{\sigma(i)}^{MU})^{w_i}, \right.\right.$$

$$\left. 1 - \prod_{i=1}^n (1 - \mu_{\sigma(i)}^U)^{w_i} \right], \left[\prod_{i=1}^n (\nu_{\sigma(i)}^L)^{w_i}, \prod_{i=1}^n (\nu_{\sigma(i)}^{ML})^{w_i}, \prod_{i=1}^n (\nu_{\sigma(i)}^{MU})^{w_i}, \right.$$

$$\left.\left. \prod_{i=1}^n (\nu_{\sigma(i)}^U)^{w_i} \right] \right)$$

因此

$$TIFIOWA_w(\langle u_1, \hat{A}_1 \rangle, \langle u_2, \hat{A}_2 \rangle, \cdots, \langle u_n, \hat{A}_n \rangle)$$

$$\leq TIFIOWA_w(\langle u_1, A_1 \rangle, \langle u_2, A_2 \rangle, \cdots, \langle u_n, A_n \rangle)$$

类似地

$$TIFIOWG_w(\langle u_1, \hat{A}_1 \rangle, \langle u_2, \hat{A}_2 \rangle, \cdots, \langle u_n, \hat{A}_n \rangle)$$

$$\leq TIFIOWG_w(\langle u_1, A_1 \rangle, \langle u_2, A_2 \rangle, \cdots, \langle u_n, A_n \rangle)$$

4.3　基于 TIFIOWA 算子或 TIFIOWG 算子的模糊多属性决策方法

下面给出基于梯形直觉模糊数的模糊多属性决策的基本模型。

若 $X = \{x_1, x_2, \cdots, x_m\}$ 和 $S = \{s_1, s_2, \cdots, s_n\}$ 分别是备选方案集和属性集，$\boldsymbol{u} = (u_1, u_2, \cdots, u_n)^T$ 为属性 $S = \{s_1, s_2, \cdots, s_n\}$ 的权重向量，且 $u_j \in [0, 1]$，$\sum_{j=1}^{n} u_j = 1$。

设决策者对方案 x_i 关于第 j 个属性 s_j 的决策信息为梯形直觉模糊数

$$\tilde{a}_{x_i}(s_j) = \tilde{a}_{ij} = ([\mu^L, \mu^{ML}, \mu^{MU}, \mu^U], [\nu^L, \nu^{ML}, \nu^{MU}, \nu^U])$$

从而构成梯形直觉模糊决策矩阵

$$\tilde{\boldsymbol{A}} = (\tilde{a}_{x_i}(s_j))_{m \times n} = (\tilde{a}_{ij})_{m \times n} = ([\mu^L, \mu^{ML}, \mu^{MU}, \mu^U], [\nu^L, \nu^{ML}, \nu^{MU}, \nu^U]))_{m \times n}$$

基于 TIFIOWA 算子或 TIFIOWG 算子给出多属性决策的新方法如下：

第一步：建立梯形直觉模糊决策矩阵 $\tilde{\boldsymbol{A}} = (\tilde{a}_{ij})_{m \times n}$。

第二步：设与 TIFIOWA 算子或 TIFIOWG 算子相关的加权向量为

$$\boldsymbol{w} = (w_1, w_2, \cdots, w_n)^T$$

且 $w_j \in [0, 1]$，$\sum_{j=1}^{n} w_j = 1$。利用式（4.5）和式（4.6），求出 $\boldsymbol{w}$。

第三步：利用 TIFIOWA 算子或 TIFIOWG 算子对第 i 行属性值进行集结，得到决策者对方案 $x_i (i = 1, 2, \cdots, m)$ 的综合属性值 V_i。

第四步：通过比较方案 x_i 和 $x_j (i, j = 1, 2, \cdots, m)$ 的综合属性值 V_i 和

V_j，得到 $V_i \geq V_j$ 的可能度，建立各方案的综合属性值间的可能度矩阵：

$$\tilde{\boldsymbol{P}} = (\tilde{p}_{ij})_{m \times m} = \begin{matrix} V_1 \\ V_2 \\ \vdots \\ V_m \end{matrix} \begin{bmatrix} V_1 & V_2 & \cdots & V_m \\ \tilde{p}_{11} & \tilde{p}_{12} & \cdots & \tilde{p}_{1m} \\ \tilde{p}_{21} & \tilde{p}_{22} & \cdots & \tilde{p}_{2m} \\ \vdots & \vdots & & \vdots \\ \tilde{p}_{m1} & \tilde{p}_{m2} & \cdots & \tilde{p}_{mm} \end{bmatrix}$$

第五步：利用式（4.11）[141] 计算 $r_i(i = 1, 2, \cdots, m)$ 的值。

$$r_i = \frac{1}{m(m-1)} \left(\sum_{j=1}^{m} \tilde{p}_{ij} + \frac{m}{2} - 1 \right) \tag{4.11}$$

第六步：根据 $r_i(i = 1, 2, \cdots, m)$ 的值的大小，对各方案 $x_i(i = 1, 2, \cdots, m)$ 进行排序，并选出最佳方案。

4.4 本章小结

本章提出了梯形直觉模糊数的可能度概念，用于比较两个梯形直觉模糊数，并给出了梯形直觉模糊数排序函数的简单性质。为了集结梯形直觉模糊数形式的属性值，推广了导出有序加权算术平均（IOWA）算子和导出有序加权几何平均（IOWG）算子，运用推广后的梯形直觉模糊导出有序加权算术平均（TIFIOWA）算子和梯形直觉模糊导出有序加权几何平均（TIFIOWG）算子集结梯形直觉模糊数形式的属性值，给出基于梯形直觉模糊数的模糊多属性决策方法。当然，TIFIOWA 算子或 TIFIOWG 算子也可以应用到群决策中，如集结不同决策者给出的不同决策信息或集结方案的属性值。

第 ❺ 章　基于模糊理论的决策风险研究

第 3 章和第 4 章对模糊多属性决策方法进行了研究。由于有决策就有风险，因此，本章首先基于模糊蕴涵定义模糊互补判断矩阵的一致性程度，来判别模糊互补判断矩阵的一致性；然后，基于混合熵和 l^p 距离给出一种度量决策风险的新方法；最后，基于区间梯形模糊数对模糊风险问题进行分析。

5.1　模糊互补判断矩阵的一致性程度

在运用层次分析法和模糊层次分析法进行决策的过程中，决策者构造的初始判断矩阵往往不具有一致性，但判断矩阵是否具有一致性是一个很重要的问题。判断矩阵的一致性是保证决策过程合理性的重要前提，直接影响决策结果的可靠性，需要对初始判断矩阵进行一致性检验，对不满足一致性要求的矩阵进行调整和改进[142]。因此，如何检验判断矩阵的一致性水平以及对不满足一致性要求的判断矩阵进行调整，是层次分析法和模糊层次分析法理论研究和应用的重要内容。

目前对于传统的层次分析法中判断矩阵一致性问题的研究已比较成熟[143-145]，而关于模糊层次分析法中判断矩阵（即模糊判断矩阵）一致性的研究虽然已取得一些进展，但还不够完善[141,146]。一致性问题主要包括以下两方面：一是建立一致性程度的检验指标。文献［147，148］基于模糊一致性互补判断矩阵的传统定义，从矩阵的不一致性角度出发，定义模糊互补判断矩阵一致性程度的指标。二是一致性的调整方法。文献［141，146-148］中提出了模糊互补判断矩阵一致性的改进方法，这些方法各有特点，对判断矩阵一致性的改善都起到了一定作用，但也存在一定的局限性：①调整范围大，不能准确反映原判断矩阵的判断信息；②没有考虑到原判断矩阵的一致性程度，构造的一致性矩阵相对初始判断矩阵的信息偏离较大；③采用逼近思想进行元素调整时，所构造的一致性矩阵是否能够真正反映原问题的客观情况，并没有合理的理论依据；④没有从理论上说明判断矩阵一致性调整方法的可行性。另外，在实际决策中，决策者构造的判断矩阵一般是很难完全达到一致性要求的，但为了保证判断矩阵排序向量的可信度和准确性，有必要对判断矩阵的一致性程度以及不一致矩阵进行研究。例如，在运用模糊层次分析法讨论风险时，模糊互补判断矩阵的一致性是需要研究的问题。基于模糊层次分析法，王阳等[149]对风险投资后续管理的风险评估进行研究，在评估过程中得到的模糊互补判断矩阵是需要讨论其一致性的。本节基于模糊蕴涵，给出模糊互补判断矩阵一致性程度的定义，主要讨论模糊互补判断矩阵一致性程度的性质以及模糊互补判断矩阵与其逆矩阵、补矩阵和对偶矩阵的一致性程度之间的关系，为检验和判断模糊互补判断矩阵的一致性提供新思路和新方法[150]。

5.1.1 模糊蕴涵的概念

定义 5.1[121,151]   设模糊互补判断矩阵 $R = (r_{ij})_{n \times n}$，若

$$r_{ij} = r_{ik} + r_{kj} - 0.5, \forall i, j, k = 1, 2, \cdots, n$$

则称 R 是模糊一致性互补判断矩阵。

注 5.1　若 R 为模糊互补判断矩阵，则

$$r_{ij} = r_{ik} + r_{kj} - 0.5\ (\forall\, i < k < j)\ \text{与}\ r_{ij} = r_{ik} + r_{kj} - 0.5\ (\forall\, i > k > j)$$

是等价的。

定义 5.2[115]　设 $I : [0,1] \times [0,1] \to [0,1]$，若 $I(x,y)$ 对 x 单减，对 y 单增，且满足 $I(1,0) = 0, I(0,0) = I(1,1) = 1$，则称 I 是一个模糊蕴涵。

对任意一个 t - 模（t - 模的定义参见文献［115］），可以定义 $[0,1]$ 上的运算 I_T

$$\forall\, x,y \in [0,1], I_T(x,y) = \sup\{z \mid T(x,z) \leqslant y\}$$

注 5.2　T 左连续时，$x \leqslant y \Leftrightarrow I_T(x,y) = 1$，详见文献［115］。

给出不同的 t - 模，对应的 I_T 如下：

① 若 $T(x,y) = \min(x,y)$，称 T 是取小 t - 模，记作 $\min$。

此时，$I_T(x,y) = I_{\min}(x,y) = \begin{cases} 1, & x \leqslant y \\ y, & x > y \end{cases}$ 是 $\min$ 对应的蕴涵，称作 Gödel 蕴涵。

② 若 $T(x,y) = xy$，称 T 是乘积 t - 模，记作 π。

此时，$I_T(x,y) = I_{\pi}(x,y) = \begin{cases} 1, & x \leqslant y \\ \dfrac{y}{x}, & x > y \end{cases}$ 是 π 对应的蕴涵，称作 Goguen 蕴涵。

③ 若 $T(x,y) = \max(x + y - 1, 0)$，称 T 是 Lukasiewicz t - 模，记作 W。

此时，$I_T(x,y) = I_W(x,y) = \min(1, 1 - x + y)$ 是 W 对应的蕴涵，称作 Lukasiewicz 蕴涵。

5.1.2　基于模糊蕴涵的模糊互补判断矩阵一致性程度

1. 基于模糊蕴涵，给出模糊互补判断矩阵的一致性程度定义

定义 5.3　设 $\boldsymbol{R} = (r_{ij})_{n \times n}$ 是模糊互补判断矩阵，称

$$m_T(\boldsymbol{R}) = \bigwedge_{\substack{i < k < j \\ i < j}} \left[I_T(r_{ij}, r_{ik} + r_{kj} - 0.5) \wedge I_T(r_{ik} + r_{kj} - 0.5, r_{ij}) \right]$$

为模糊互补判断矩阵 $\boldsymbol{R}$ 的一致性程度。

注 5.3　由注 5.1 可知，定义 5.3 也可以定义为

$$m_T(\boldsymbol{R}) = \bigwedge_{\substack{i > k > j \\ i > j}} \left[I_T(r_{ij}, r_{ik} + r_{kj} - 0.5) \wedge I_T(r_{ik} + r_{kj} - 0.5, r_{ij}) \right]$$

例 5.1　计算模糊互补判断矩阵

$$\boldsymbol{R} = \begin{bmatrix} 0.50 & 0.30 & 0.60 & 0.80 \\ 0.70 & 0.50 & 0.40 & 0.60 \\ 0.40 & 0.60 & 0.50 & 0.30 \\ 0.20 & 0.40 & 0.70 & 0.50 \end{bmatrix}$$

的一致性程度：

①当 $T = \min$ 时，$m_T(\boldsymbol{R}) = 0.20$。

②当 $T = \pi$ 时，$m_T(\boldsymbol{R}) = 0.33$。

③当 $T = W$ 时，$m_T(\boldsymbol{R}) = 0.60$。

注 5.4　由上可知，运用这里给出的模糊互补判断矩阵的一致性程度定义，很容易算出该模糊互补判断矩阵的一致性程度。显然，一致性程度的计算与 t – 模有关。由于 Lukasiewicz t-模有较好的性质[152]，在实际应用中，基于 Lukasiewicz t – 模来考虑模糊互补判断矩阵的一致性

可能会更好。

例 5.2　设模糊互补判断矩阵[147]

$$R = \begin{bmatrix} 0.50 & 0.10 & 0.60 & 0.70 \\ 0.90 & 0.50 & 0.80 & 0.40 \\ 0.40 & 0.20 & 0.50 & 0.90 \\ 0.30 & 0.60 & 0.10 & 0.50 \end{bmatrix}$$

利用文献［147］给出的一致性程度计算方法得到 R 的一致性指标为 0.5。

利用本书给出的一致性程度计算方法得到 R 的一致性程度 $m_T(R)$ 为：

①当 $T = \min$ 时，$m_T(R) = 0$。

②当 $T = \pi$ 时，$m_T(R) = 0$。

③当 $T = W$ 时，$m_T(R) = 0.20$。

注 5.5　由上可知，文献［147］与本书中的一致性程度计算方法均可说明该例中矩阵 R 的一致性较差。但是，二者的计算结果有差异，这主要是由于使用的方法不同、角度不同，具体从以下两方面进行说明：①文献［147］从模糊一致性互补判断矩阵的传统定义出发，先考虑模糊互补判断矩阵中某一元素对矩阵的不一致性的影响程度（贡献），进而推导出矩阵的不一致性程度，将其称为该矩阵的一致性指标；而本书是运用模糊蕴涵，结合模糊一致性互补判断矩阵的传统定义，在一般 t - 模下推导出一致性程度定义，当取不同 t - 模时，会有不同的结果，又由注 5.4 可知，在实际应用中，用 Lukasiewicz t - 模考虑模糊互补判断矩阵的一致性会更好一些。②在文献［147］中，得到的一致性指标越小，则模糊互补判断矩阵的一致性越好；而在本节中，得到的一致性程度 $m_T(R)$ 越大，则模糊互补判断矩阵的一致性越好。

2. 模糊互补判断矩阵 $\boldsymbol{R} = (r_{ij})_{n \times n}$ 的一致性程度 $m_T(\boldsymbol{R})$ 的两个性质

性质 5.1 $0 \leqslant m_T(\boldsymbol{R}) \leqslant 1$。

性质 5.2 T 左连续，则 $\boldsymbol{R} = (r_{ij})_{n \times n}$ 是模糊一致性互补判断矩阵的充要条件是

$$m_T(\boldsymbol{R}) = 1$$

证明：

①必要性。由于 $\boldsymbol{R} = (r_{ij})_{n \times n}$ 是模糊一致性互补判断矩阵，则

$$r_{ij} = r_{ik} + r_{kj} - 0.5 \ (\forall i < k < j)$$

即

$$r_{ij} \leqslant r_{ik} + r_{kj} - 0.5 \ , \ r_{ij} \geqslant r_{ik} + r_{kj} - 0.5$$

由注 5.2 可得

$$I_T(r_{ij}, r_{ik} + r_{kj} - 0.5) = 1, I_T(r_{ik} + r_{kj} - 0.5, r_{ij}) = 1 \ (T\text{左连续})$$

则 $\quad m_T(\boldsymbol{R}) = \bigwedge_{\substack{i < k < j \\ i < j}} \left[I_T(r_{ij}, r_{ik} + r_{kj} - 0.5) \wedge I_T(r_{ik} + r_{kj} - 0.5, r_{ij}) \right] = 1$

②充分性。由于 $m_T(\boldsymbol{R}) = 1$，即

$$\bigwedge_{\substack{i < k < j \\ i < j}} \left[I_T(r_{ij}, r_{ik} + r_{kj} - 0.5) \wedge I_T(r_{ik} + r_{kj} - 0.5, r_{ij}) \right] = 1$$

则当 $\forall i < k < j$ 时，有

$$I_T(r_{ij}, r_{ik} + r_{kj} - 0.5) \wedge I_T(r_{ik} + r_{kj} - 0.5, r_{ij})] = 1$$

于是 $\quad I_T(r_{ij}, r_{ik} + r_{kj} - 0.5) = 1, I_T(r_{ik} + r_{kj} - 0.5, r_{ij}) = 1$

由注 5.2 可得 $\quad r_{ij} \leqslant r_{ik} + r_{kj} - 0.5, r_{ik} + r_{kj} - 0.5 \leqslant r_{ij} \ (T\text{左连续})$

即

$$r_{ij} = r_{ik} + r_{kj} - 0.5 \ (\forall i < k < j)$$

因此，$\boldsymbol{R} = (r_{ij})_{n \times n}$ 是模糊一致性互补判断矩阵。

注 5.6　对模糊互补判断矩阵 $\boldsymbol{R} = (r_{ij})_{n \times n}$ 来说，若 $m_T(\boldsymbol{R})$ 越小，则 $\boldsymbol{R}$ 的一致性程度越差；相反地，若 $m_T(\boldsymbol{R})$ 越大，则 $\boldsymbol{R}$ 的一致性程度越好。若只是验证 $\boldsymbol{R}$ 是否为模糊一致性互补判断矩阵而不需要进行调整，则由性质 5.2 很容易判断 $\boldsymbol{R}$ 是否是一致的。

3. 基于模糊偏好关系，给出备选方案集 X 中方案两两比较后得出的表示矩阵

设 $X = \{x_1, x_2, \cdots, x_n\}$ 为备选方案集，决策者对备选方案集 X 中的方案进行两两比较后得出互补模糊偏好关系[82,153]：$r_{ij} = R(x_i, x_j)(i, j = 1, 2, \cdots, n)$。其中，$R(x_i, x_j)$ 是隶属函数，表示决策者认为方案 x_i 优于方案 x_j 的程度。互补模糊偏好关系可以用互补矩阵 $\boldsymbol{R} = (r_{ij})_{n \times n}$ 来表示，r_{ij} 表示决策者认为方案 x_i 优于方案 x_j 的程度。

下面给出 $\boldsymbol{R}$ 的逆、$\boldsymbol{R}$ 的补和 $\boldsymbol{R}$ 的对偶等定义[154]：$\forall x_i, x_j$，

① R 的逆：$R^{-1}(x_i, x_j) = R(x_j, x_i)$。

② R 的补：$R^c(x_i, x_j) = 1 - R(x_i, x_j)$。

③ R 的对偶：$R^d(x_i, x_j) = 1 - R(x_j, x_i)$。

例 5.3　以例 5.1 中的模糊互补判断矩阵为例

$$\boldsymbol{R} = \begin{bmatrix} 0.50 & 0.30 & 0.60 & 0.80 \\ 0.70 & 0.50 & 0.40 & 0.60 \\ 0.40 & 0.60 & 0.50 & 0.30 \\ 0.20 & 0.40 & 0.70 & 0.50 \end{bmatrix}$$

则

$$\boldsymbol{R}^{-1} = \begin{bmatrix} 0.50 & 0.70 & 0.40 & 0.20 \\ 0.30 & 0.50 & 0.60 & 0.40 \\ 0.60 & 0.40 & 0.50 & 0.70 \\ 0.80 & 0.60 & 0.30 & 0.50 \end{bmatrix}$$

$$\boldsymbol{R}^{\mathrm{c}} = \begin{bmatrix} 0.50 & 0.70 & 0.40 & 0.20 \\ 0.30 & 0.50 & 0.60 & 0.40 \\ 0.60 & 0.40 & 0.50 & 0.70 \\ 0.80 & 0.60 & 0.30 & 0.50 \end{bmatrix}$$

$$\boldsymbol{R}^{\mathrm{d}} = \begin{bmatrix} 0.50 & 0.30 & 0.60 & 0.80 \\ 0.70 & 0.50 & 0.40 & 0.60 \\ 0.40 & 0.60 & 0.50 & 0.30 \\ 0.20 & 0.40 & 0.70 & 0.50 \end{bmatrix}$$

4. 模糊互补判断矩阵的相关结论

下面引入模糊互补判断矩阵的三个相关结论，其中命题 5.1 和命题 5.2 见文献 [82]，但文献 [82] 中没有涉及对偶矩阵的结论，本书给出了对偶矩阵的相关结论，见命题 5.3。

命题 5.1[82]   若 $\boldsymbol{R} = (r_{ij})_{n \times n}$ 是模糊互补判断矩阵，则 $\boldsymbol{R}$ 的逆矩阵 $\boldsymbol{R}^{-1} = (\tilde{r}_{ij})_{n \times n}$ 是模糊互补判断矩阵。

命题 5.2[82]   若 $\boldsymbol{R} = (r_{ij})_{n \times n}$ 是模糊互补判断矩阵，则 $\boldsymbol{R}$ 的补矩阵 $\boldsymbol{R}^{\mathrm{c}} = (\bar{r}_{ij})_{n \times n}$ 是模糊互补判断矩阵。

因为 $\boldsymbol{R}^{\mathrm{d}} = (\boldsymbol{R}^{\mathrm{c}})^{-1}$，则由命题 5.1 和命题 5.2 易推得如下结论。

命题 5.3   若 $\boldsymbol{R} = (r_{ij})_{n \times n}$ 为模糊互补判断矩阵，则 $\boldsymbol{R}$ 的对偶矩阵 $\boldsymbol{R}^{\mathrm{d}} = (\hat{r}_{ij})_{n \times n}$ 是模糊互补判断矩阵。

5. 模糊互补判断矩阵的一致性程度与其逆矩阵、补矩阵和对偶矩阵的一致性程度之间的关系

定理 5.1   对于任意的模糊互补判断矩阵 $\boldsymbol{R} = (r_{ij})_{n \times n}$，$\boldsymbol{R} = (r_{ij})_{n \times n}$ 的一致性程度 $m_T(\boldsymbol{R})$ 与其逆矩阵 $\boldsymbol{R}^{-1} = (\tilde{r}_{ij})_{n \times n}$ 的一致性程度 $m_T(\boldsymbol{R}^{-1})$ 的

关系是 $m_T(\boldsymbol{R}) = m_T(\boldsymbol{R}^{-1})$。

证明： 由于 $\boldsymbol{R} = (r_{ij})_{n \times n}$ 为模糊互补判断矩阵，有 $r_{ij} = 1 - r_{ji}$，于是 $\forall x_i, x_j \in X$，可知

$$\tilde{r}_{ij} = \boldsymbol{R}^{-1}(x_i, x_j) = \boldsymbol{R}(x_j, x_i) = r_{ji}$$

则

$$m_T(\boldsymbol{R}^{-1}) = \bigwedge_{\substack{i < k < j \\ i < j}} \left[I_T(\tilde{r}_{ij}, \ \tilde{r}_{ik} + \tilde{r}_{kj} - 0.5) \ \bigwedge \ I_T(\tilde{r}_{ik} + \tilde{r}_{kj} - 0.5, \ \tilde{r}_{ij}) \right]$$

$$= \bigwedge_{\substack{i < k < j \\ i < j}} \left[I_T(r_{ji}, \ r_{ki} + r_{jk} - 0.5) \ \bigwedge \ I_T(r_{ki} + r_{jk} - 0.5, \ r_{ji}) \right]$$

$$= \bigwedge_{\substack{j > k > i \\ j > i}} \left[I_T(r_{ji}, \ r_{jk} + r_{ki} - 0.5) \ \bigwedge \ I_T(r_{jk} + r_{ki} - 0.5, \ r_{ji}) \right]$$

$$= m_T(\boldsymbol{R})$$

因此 $$m_T(\boldsymbol{R}) = m_T(\boldsymbol{R}^{-1})$$

定理 5.2　对于任意的模糊互补判断矩阵 $\boldsymbol{R} = (r_{ij})_{n \times n}$，$\boldsymbol{R} = (r_{ij})_{n \times n}$ 的一致性程度 $m_T(\boldsymbol{R})$ 与其补矩阵 $\boldsymbol{R}^c = (\bar{r}_{ij})_{n \times n}$ 的一致性程度 $m_T(\boldsymbol{R}^c)$ 的关系是 $m_T(\boldsymbol{R}) = m_T(\boldsymbol{R}^c)$。

证明： 由于 $\boldsymbol{R} = (r_{ij})_{n \times n}$ 为模糊互补判断矩阵，有 $r_{ij} = 1 - r_{ji}$，于是 $\forall x_i, x_j \in X$，可知

$$\bar{r}_{ij} = \boldsymbol{R}^c(x_i, x_j) = 1 - \boldsymbol{R}(x_i, x_j) = 1 - r_{ij}$$

则

$$m_T(\boldsymbol{R}^c) = \bigwedge_{\substack{i<k<j \\ i<j}} \left[I_T(\bar{r}_{ij}, \bar{r}_{ik} + \bar{r}_{kj} - 0.5) \wedge I_T(\bar{r}_{ik} + \bar{r}_{kj} - 0.5, \bar{r}_{ij}) \right]$$

$$= \bigwedge_{\substack{i<k<j \\ i<j}} \left[I_T(1 - r_{ij}, 1 - r_{ik} + 1 - r_{kj} - 0.5) \right.$$

$$\left. \wedge I_T(1 - r_{ik} + 1 - r_{kj} - 0.5, 1 - r_{ij}) \right]$$

$$= \bigwedge_{\substack{i<k<j \\ i<j}} \left[I_T(r_{ji}, r_{ki} + r_{jk} - 0.5) \wedge I_T(r_{ki} + r_{jk} - 0.5, r_{ji}) \right]$$

$$= \bigwedge_{\substack{j>k>i \\ j>i}} \left[I_T(r_{ji}, r_{jk} + r_{ki} - 0.5) \wedge I_T(r_{jk} + r_{ki} - 0.5, r_{ji}) \right]$$

$$= m_T(\boldsymbol{R})$$

因此 $$m_T(\boldsymbol{R}) = m_T(\boldsymbol{R}^c)$$

由定理 5.1 和定理 5.2 易得以下推论。

推论 5.1 对于任意的模糊互补判断矩阵 $\boldsymbol{R} = (r_{ij})_{n \times n}$，$\boldsymbol{R} = (r_{ij})_{n \times n}$ 的一致性程度 $m_T(\boldsymbol{R})$ 与其对偶矩阵 $\boldsymbol{R}^d = (\hat{r}_{ij})_{n \times n}$ 的一致性程度 $m_T(\boldsymbol{R}^d)$ 的关系是 $m_T(\boldsymbol{R}) = m_T(\boldsymbol{R}^d)$。

上述三个结论说明，模糊互补判断矩阵的一致性程度与其逆矩阵、补矩阵以及对偶矩阵的一致性程度相等，也即它们具有相同的满意一致性。特别地，当 $m_T(\boldsymbol{R}) = 1$ 时，$m_T(\boldsymbol{R}^{-1}) = m_T(\boldsymbol{R}^c) = m_T(\boldsymbol{R}^d) = 1$，此时可理解为若模糊互补判断矩阵 $\boldsymbol{R}$ 是一致的，则其逆矩阵、补矩阵和对偶矩阵都是一致的。

例 5.4 以例 5.3 中的四个矩阵 $\boldsymbol{R}$、$\boldsymbol{R}^{-1}$、$\boldsymbol{R}^c$ 和 $\boldsymbol{R}^d$ 为例，计算它们的一致性程度。

①当 $T = \min$ 时，$m_T(\boldsymbol{R}) = m_T(\boldsymbol{R}^{-1}) = m_T(\boldsymbol{R}^c) = m_T(\boldsymbol{R}^d) = 0.20$。

②当 $T = \pi$ 时，$m_T(\boldsymbol{R}) = m_T(\boldsymbol{R}^{-1}) = m_T(\boldsymbol{R}^c) = m_T(\boldsymbol{R}^d) = 0.33$。

③当 $T = W$ 时，$m_T(\boldsymbol{R}) = m_T(\boldsymbol{R}^{-1}) = m_T(\boldsymbol{R}^c) = m_T(\boldsymbol{R}^d) = 0.60$。

本部分研究的模糊互补判断矩阵在决策中是经常使用的，例如，运用模糊层次分析法求权重时，要求模糊互补判断矩阵具有一致性。然而，在实际决策中，一致性有时是很难达到的。本节讨论的模糊互补判断矩阵的一致性程度在实际决策中更加实用，具有更大的现实意义。

5.2 决策风险的度量方法

决策风险是由事件（或系统）的不确定性和损失的不确定性所导致的。由于 De Luca 和 Termini[92] 给出的混合熵可以综合度量概率性分布和模糊性分布所表现出来的总体不确定性，于是本节采用混合熵度量和研究风险的不确定性（随机不确定性和模糊不确定性）。我们知道，任何决策都是由决策者做出的，由于不同风险类型的决策者对待风险的态度不同，从而决策风险值也不同。因此我们认为，度量风险的方法应体现风险的不确定性（随机不确定性和模糊不确定性）、风险的损失或期望的收益，以及决策者的风险态度等。为此，本节基于混合熵和 l^p 距离，给出决策风险度量法。

5.2.1 混合熵和 l^p 距离的概念

下面给出文献［89］中对 De Luca 和 Termini 的混合熵定义进行改进后的形式。

定义 5.4[89] 设论域 $X = \{x_1, x_2, \cdots, x_n\}$，其概率分布为 $P = \{p_1, p_2, \cdots, p_n\}$，且满足 $\sum_{i=1}^{n} p_i = 1, A$ 是定义在论域 X 上的模糊集，其隶属函数为 $\mu_A: X \to [0,1]$，$\mu_A(x_i)(i = 1, 2, \cdots, n)$ 为元素 x_i 对模糊集 A 的隶属度，则

$$H(A) = -\sum_{i=1}^{n} [p_i\mu_A(x_i)\log_2(p_i\mu_A(x_i)) + p_i(1-\mu_A(x_i))\log_2(p_i(1-\mu_A(x_i)))]$$

$$(5.1)$$

称作模糊集 A 的混合熵，规定 $0\log_2 0 = 0$。

注 5.7 ①当 $\mu_A(x_i) = 0$ 时，模糊性消失，混合熵 $H(A)$ 退化为 Shannon 信息熵形式；当 $p_i = 1$ 时，随机性消失，混合熵 $H(A)$ 退化为模糊熵形式。当所有隶属度 $\mu_A(x_i) = 0.5$ 且概率 $p_i = \dfrac{1}{n}$ 时，$H(A)$ 达到最大值；若所有隶属度 $\mu_A(x_i) = 0$ 或 1，且某一个 $p_i = 1$，而其他 $p_j = 0(j \neq i;$ $i, j = 1,2,\cdots,n)$，则 $H(A) = 0$。

②混合熵的值越大，表示混合不确定度越高，风险越大；混合熵的值越小，表示混合不确定度越低，风险越小。

定义 5.5[155] 当 $A = (a_1, a_2, a_3, a_4)$ 和 $B = (b_1, b_2, b_3, b_4)$ 是梯形模糊数时，定义梯形模糊数之间的 l^p 距离为

$$\| A - B \|_{l^p} = \Big(\sum_{i=1}^{4} |a_i - b_i|^p\Big)^{\frac{1}{p}}$$

$$(5.2)$$

5.2.2 基于混合熵和 l^p 距离的风险度量法

对任何一个决策风险来说，不确定性（即随机不确定性和模糊不确定性）和损失以及决策者风险态度等都是度量风险的主要方面。由第 2 章可知，信息熵和模糊熵分别用于度量风险的随机不确定性和模糊不确定性，但是不管用二者中的哪一个来度量风险都具有片面性，所以本小节为了度量随机不确定性和模糊不确定性这两种不确定性而选用混合熵，并利用 l^p 距离来度量损失。

设 T 是收益，t 是目标收益，它们均为梯形模糊数。由于混合熵

$H(T)$ 可以度量风险的随机不确定性和模糊不确定性，$\| T - t \|_{l^p}$是定义在 l^p 上的距离，表示收益相对于目标收益的损失，并结合决策者风险态度，基于混合熵和 l^p 距离，给出以下决策风险的度量方法。

定义 5.6　给定一个风险型决策，n 个备选方案构成的向量称作决策空间，记为 $X = \{x_1, x_2, \cdots, x_n\}$（$n \geq 2$）；每个备选方案 $x_i(i = 1, 2, \cdots, n)$ 对应 m 个自然状态，称作状态空间，记为 $\Theta = \{\theta_1, \theta_2, \cdots, \theta_m\}$。选取备选方案 x_i 后，出现状态 θ_j 的概率为 p_{ij}，备选方案 x_i 的收益为梯形模糊数 $T_i = (a_i, b_i, c_i, d_i)$，备选方案 x_i 在状态 θ_j 下的收益为梯形模糊数 $q_{ij}(i = 1, 2, \cdots, n; j = 1, 2, \cdots, m)$，则

$$\rho(x_i) = \lambda H(T_i) + (1 - \lambda) \frac{\| T_i - t \|_{l^p}}{\max\limits_{i = 1, 2, \cdots, n} \| T_i - t \|_{l^p}} \tag{5.3}$$

称作备选方案 x_i 的风险度量。式中，λ 表示决策者风险态度；$H(T_i)$ 表示 T_i 的混合熵，描述的是备选方案 x_i 的状态发生的随机不确定性和模糊不确定性带来的后果的不确定性；t 表示目标收益；$\dfrac{\| T_i - t \|_{l^p}}{\max\limits_{i = 1, 2, \cdots, n} \| T_i - t \|_{l^p}}$ 描述的是对于目标收益 t 来说，备选方案 x_i 的收益 T_i 的损失程度。本节假设 $\max\limits_{i = 1, 2, \cdots, n} \| T_i - t \|_{l^p} \neq 0$。

注 5.8　①该定义给出的备选方案 $x_i(i = 1, 2, \cdots, n)$ 的风险度量 $\rho(x_i)$ 结合了决策者的风险态度，对随机不确定性程度、模糊不确定性程度和损失程度进行了综合度量。当决策者的风险态度 λ 确定时，风险度量 $\rho(x_i)$ 最小化表示备选方案 x_i 的综合风险最小。

②当 $\lambda = 0.5$ 时，表示决策者的风险态度是中性的；当 $0 \leq \lambda < 0.5$ 时，表示决策者赋予不确定性程度较小的权重，赋予损失程度较大的权重，说明不确定性程度和损失程度相比较，决策者更关心损失程度，可知决策者是风险厌恶型的；当 $0.5 < \lambda \leq 1$ 时，决策者赋予不确定性程度

较大的权重，赋予损失程度较小的权重，说明决策者是风险喜好型的。

③当 $\lambda = 0$ 时，风险由 T_i 的损失程度 $\dfrac{\parallel T_i - t \parallel_{l^p}}{\max\limits_{i=1,2,\cdots,n}\parallel T_i - t \parallel_{l^p}}$ 所决定；当 $\lambda = 1$ 时，风险由备选方案 $x_i(i = 1,2,\cdots,n)$ 的不确定性程度 $H(T_i)$ 所决定。

④该定义中给出的备选方案 $x_i(i = 1,2,\cdots,n)$ 的收益 $T_i = (a_i,b_i,c_i,d_i)$ 是梯形模糊数，其中 $[b_i, c_i]$ 表示收益 T_i 的容许区间，$b_i - a_i$ 和 $d_i - c_i$ 分别表示收益波动的左宽度和右宽度。

⑤基于下偏矩，Fishburn[156] 建立了风险度量公式

$$\rho_{p,t}(T_i) = \parallel T_i - t \parallel_p \tag{5.4}$$

其中

$$\parallel T_i \parallel_p = \left[E(T_i)^p \right]^{\frac{1}{p}}$$

式中，p 也称为风险容忍度（$p \geqslant 1$）；t 表示目标收益（率），且 T_i 和 t 都为精确值。

本节定义的式（5.3）中的目标损失思想来源于式（5.4）。但是，本节将 T_i、t 推广为梯形模糊数，且利用 l^p 距离来计算 $\parallel T_i - t \parallel_{l^p}$，所以与文献 [156] 中的风险度量公式有区别。

根据本节给出的风险度量方法，对于任意两个备选方案 x_1、x_2，$x_1 \prec x_2$ 表示备选方案 x_1 的风险小于备选方案 x_2 的风险；相应地，$x_1 \succ x_2$ 表示备选方案 x_1 的风险大于备选方案 x_2 的风险；$x_1 = x_2$ 表示备选方案 x_1 的风险与备选方案 x_2 的风险相等。由此给出备选方案的风险排序准则

$$\rho(x_1) < \rho(x_2) \Leftrightarrow x_1 \prec x_2$$

$$\rho(x_1) > \rho(x_2) \Leftrightarrow x_1 \succ x_2$$

$$\rho(x_1) = \rho(x_2) \Leftrightarrow x_1 = x_2$$

5.2.3 算例分析

设某项目根据市场需求拟开发三种型号的产品，分别对应生产 x_1 产品、生产 x_2 产品和生产 x_3 产品三种备选方案。每种备选方案有三个状态，分别是产品畅销（θ_1）、平销（θ_2）和滞销（θ_3）。

本小节设该项目在各自然状态下的收益见表5.1。

表5.1 备选方案 x_i 在状态 θ_j 下的收益 q_{ij}

单位：万元

备选方案	自然状态		
	θ_1	θ_2	θ_3
x_1	$q_{11} = (30,37,46,55)$	$q_{12} = (18,25,32,37)$	$q_{13} = (9,16,23,28)$
x_2	$q_{21} = (17,32,42,53)$	$q_{22} = (21,25,31,39)$	$q_{23} = (7,13,20,24)$
x_3	$q_{31} = (21,29,37,45)$	$q_{32} = (13,20,26,33)$	$q_{33} = (6,13,21,28)$

该项目在各状态下的风险概率见表5.2。

表5.2 各状态下的风险概率

单位：万元

备选方案	自然状态		
	θ_1	θ_2	θ_3
x_1	$p_{11} = 0.72$	$p_{12} = 0.16$	$p_{13} = 0.12$
x_2	$p_{21} = 0.46$	$p_{22} = 0.29$	$p_{23} = 0.25$
x_3	$p_{31} = 0.67$	$p_{32} = 0.23$	$p_{33} = 0.10$

利用式（2.5），将表5.1中梯形模糊数形式的收益值 q_{ij} 转化为实数形式 $R(q_{ij})$，见表5.3。

表 5.3　梯形模糊数 q_{ij} 转化为实数 $R(q_{ij})$

单位:万元

备选方案	自然状态		
	θ_1	θ_2	θ_3
x_1	$R(q_{11}) = 42$	$R(q_{12}) = 28$	$R(q_{13}) = 19$
x_2	$R(q_{21}) = 36$	$R(q_{22}) = 29$	$R(q_{23}) = 16$
x_3	$R(q_{31}) = 33$	$R(q_{32}) = 23$	$R(q_{33}) = 17$

设该项目的三种备选方案 x_1、x_2、x_3 的收益分别为梯形模糊数 T_1、T_2、T_3,且 $T_1 = (25,35,45,55)$,$T_2 = (20,30,40,50)$,$T_3 = (15,25,35,45)$。假设该项目的目标收益是 30 万~40 万元,左、右偏差幅度不超过 5 万元时就没有损失,即该项目的目标收益为梯形模糊数 $t = (25,30,40,45)$。下面计算三种备选方案 x_1、x_2、x_3 的决策风险。

首先计算备选方案 x_1、x_2、x_3 的收益 T_1、T_2、T_3 的混合熵 $H(T_1)$、$H(T_2)$、$H(T_3)$。以备选方案 x_1 的收益 T_1 的混合熵 $H(T_1)$ 为例,具体计算过程如下。

对备选方案 x_1 来说,产品畅销(θ_1)、平销(θ_2)和滞销(θ_3)时的概率分别为 $p_{11} = 0.72$,$p_{12} = 0.16$,$p_{13} = 0.12$,而且备选方案 x_1 在每种状态 $\theta_j(j = 1,2,3)$ 下的梯形模糊数形式的收益值 q_{1j} 转化为实数形式后为 $R(q_{1j})$,即

$$R(q_{11}) = 42, \ R(q_{12}) = 28, \ R(q_{13}) = 19$$

这些实数形式的 $R(q_{1j})(j = 1,2,3)$ 相对于该项目的备选方案 x_1 的收益,即梯形模糊数 $T_1 = (25,35,45,55)$ 来说,$R(q_{11})$、$R(q_{12})$、$R(q_{13})$ 的隶属度分别记作 μ_{11}、μ_{12}、μ_{13},且由梯形模糊数的隶属度公式(2.4)计算可得

$$\mu_{11} = 1, \ \mu_{12} = 0.3, \ \mu_{13} = 0$$

将 p_{11}、p_{12}、p_{13}、μ_{11}、μ_{12}、μ_{13} 代入混合熵公式，即式（5.1），得到备选方案 x_1 的混合熵 $H(T_1)$ 为

$$
\begin{aligned}
H(T_1) =& -\sum_{i=1}^{3} \left[p_{1i}\mu_{1i}\log_2 p_{1i}\mu_{1i} + p_{1i}(1-\mu_{1i})\log_2 p_{1i}(1-\mu_{1i}) \right] \\
=& -\left[p_{11}\mu_{11}\log_2 p_{11}\mu_{11} + p_{11}(1-\mu_{11})\log_2 p_{11}(1-\mu_{11}) \right] - \\
& \left[p_{12}\mu_{12}\log_2 p_{12}\mu_{12} + p_{12}(1-\mu_{12})\log_2 p_{12}(1-\mu_{12}) \right] - \\
& \left[p_{13}\mu_{13}\log_2 p_{13}\mu_{13} + p_{13}(1-\mu_{13})\log_2 p_{13}(1-\mu_{13}) \right] \\
=& 1.2723
\end{aligned}
$$

类似可得

$$H(T_2) = 1.6692, \ H(T_3) = 1.4452$$

不妨设 $p=1$，由式（5.2）计算可得

$$\frac{\| T_1 - t \|_{l^1}}{\max\limits_{i=1,2,3} \| T_i - t \|_{l^1}} = 1, \frac{\| T_2 - t \|_{l^1}}{\max\limits_{i=1,2,3} \| T_i - t \|_{l^1}} = 0.5, \frac{\| T_3 - t \|_{l^1}}{\max\limits_{i=1,2,3} \| T_i - t \|_{l^1}} = 1$$

因此，由式（5.3）得出备选方案 x_1、x_2、x_3 的决策风险为

$$\rho(x_1) = 1.2723\lambda + 1 \times (1-\lambda) = 0.2723\lambda + 1$$

$$\rho(x_2) = 1.6692\lambda + 0.5 \times (1-\lambda) = 1.1692\lambda + 0.5$$

$$\rho(x_3) = 1.4452\lambda + 1 \times (1-\lambda) = 0.4452\lambda + 1$$

显然，对 $\forall \lambda \in [0,1]$，有 $\rho(x_1) < \rho(x_3)$，从而 $x_1 < x_3$，即对于任意风险态度的决策者来说，备选方案 x_1 的风险总是小于备选方案 x_3

的风险。

当 $\lambda < 0.5575$ 时，$\rho(x_1) > \rho(x_2)$；

当 $\lambda > 0.5575$ 时，$\rho(x_1) < \rho(x_2)$；

当 $\lambda = 0.5575$ 时，$\rho(x_1) = \rho(x_2)$。

说明当决策者风险态度 $\lambda < 0.5575$ 时，备选方案 x_1 的风险大于备选方案 x_2 的风险；当 $\lambda > 0.5575$ 时，备选方案 x_1 的风险小于备选方案 x_2 的风险；当 $\lambda = 0.5575$ 时，备选方案 x_1 的风险等于备选方案 x_2 的风险。

当 $\lambda > 0.6906$ 时，$\rho(x_2) > \rho(x_3)$；

当 $\lambda < 0.6906$ 时，$\rho(x_2) < \rho(x_3)$；

当 $\lambda = 0.6906$ 时，$\rho(x_2) = \rho(x_3)$。

说明当决策者风险态度 $\lambda > 0.6906$ 时，备选方案 x_2 的风险大于备选方案 x_3 的风险；当 $\lambda < 0.6906$ 时，备选方案 x_2 的风险小于备选方案 x_3 的风险；当 $\lambda = 0.6906$ 时，备选方案 x_2 的风险等于备选方案 x_3 的风险。

综上所述，可以得到：

①当 $0 \leqslant \lambda < 0.5575$ 时，有

$$\rho(x_2) < \rho(x_1) < \rho(x_3)$$

即当决策者风险态度为 $0 \leqslant \lambda < 0.5575$ 时，有

$$x_2 < x_1 < x_3$$

说明备选方案 x_2 的风险小于备选方案 x_1 的风险，且备选方案 x_1 的风险小于备选方案 x_3 的风险。

②当 $\lambda = 0.5575$ 时，有

$$\rho(x_1) = \rho(x_2) < \rho(x_3)$$

即当决策者风险态度为 $\lambda = 0.5575$ 时，有

$$x_1 = x_2 < x_3$$

说明备选方案 x_1 的风险等于备选方案 x_2 的风险，且备选方案 x_2 的风险小于备选方案 x_3 的风险。

③当 $0.5575 < \lambda < 0.6906$ 时，有

$$\rho(x_1) < \rho(x_2) < \rho(x_3)$$

即当决策者风险态度为 $0.5575 < \lambda < 0.6906$ 时，有

$$x_1 < x_2 < x_3$$

说明备选方案 x_1 的风险小于备选方案 x_2 的风险，且备选方案 x_2 的风险小于备选方案 x_3 的风险。

④当 $\lambda = 0.6906$ 时，有

$$\rho(x_1) < \rho(x_3) = \rho(x_2)$$

即当决策者风险态度 $\lambda = 0.6906$ 时，有

$$x_1 < x_3 = x_2$$

说明备选方案 x_1 的风险小于备选方案 x_3 的风险，且备选方案 x_3 的风险等于备选方案 x_2 的风险。

⑤当 $0.6906 < \lambda \leqslant 1$ 时，有

$$\rho(x_1) < \rho(x_3) < \rho(x_2)$$

即当决策者风险态度为 $0.6906 < \lambda \leqslant 1$ 时，有

$$x_1 < x_3 < x_2$$

说明备选方案 x_1 的风险小于备选方案 x_3 的风险，且备选方案 x_3 的风险小于备选方案 x_2 的风险。

5.3 基于区间梯形模糊数的模糊风险分析方法

前文基于模糊理论对决策风险进行了研究，本节继续讨论风险，提出区间梯形模糊数的相似度的概念，给出该相似度的相关性质，并运用该相似度讨论基于区间梯形模糊数的模糊风险分析方法。

5.3.1 广义梯形模糊数的相关概念

以下引入广义梯形模糊数的几何距离、周长和面积等相关概念。

定义 5.7[105]　设 $\tilde{A} = (a_1, a_2, a_3, a_4; \omega_{\tilde{A}})$ 和 $\tilde{B} = (b_1, b_2, b_3, b_4; \omega_{\tilde{B}})$ 是两个广义梯形模糊数，则

$$L(\tilde{A}, \tilde{B}) = \frac{\sum_{i=1}^{4} |a_i - b_i|}{4} \tag{5.5}$$

称作广义梯形模糊数 $\tilde{A}$ 和 $\tilde{B}$ 之间的几何距离。

$$P(\tilde{A}) = \sqrt{(a_1 - a_2)^2 + \omega_{\tilde{A}}^2} + \sqrt{(a_3 - a_4)^2 + \omega_{\tilde{A}}^2} + (a_3 - a_2) + (a_4 - a_1) \tag{5.6}$$

称作广义梯形模糊数 $\tilde{A}$ 的周长。

$$A(\tilde{A}) = \frac{1}{2}\omega_{\tilde{A}}(a_3 - a_2 + a_4 - a_1) \quad\quad (5.7)$$

称作广义梯形模糊数 $\tilde{A}$ 的面积。

5.3.2　区间梯形模糊数的相似度

1. 区间梯形模糊数的相似度的定义

定义 5.8　设

$$\tilde{A} = (\tilde{A}^L, \tilde{A}^U) = [(a_1^L, a_2^L, a_3^L, a_4^L; \omega_{\tilde{A}}^L), (a_1^U, a_2^U, a_3^U, a_4^U; \omega_{\tilde{A}}^U)]$$

$$\tilde{B} = (\tilde{B}^L, \tilde{B}^U) = [(b_1^L, b_2^L, b_3^L, b_4^L; \omega_{\tilde{B}}^L), (b_1^U, b_2^U, b_3^U, b_4^U; \omega_{\tilde{B}}^U)]$$

是两个区间梯形模糊数，且

$$0 \leqslant a_1^L \leqslant a_2^L \leqslant a_3^L \leqslant a_4^L \leqslant 1, 0 \leqslant a_1^U \leqslant a_2^U \leqslant a_3^U \leqslant a_4^U \leqslant 1,$$
$$0 \leqslant \omega_{\tilde{A}}^L \leqslant \omega_{\tilde{A}}^U \leqslant 1, \tilde{A}^L \subset \tilde{A}^U$$

$$0 \leqslant b_1^L \leqslant b_2^L \leqslant b_3^L \leqslant b_4^L \leqslant 1, 0 \leqslant b_1^U \leqslant b_2^U \leqslant b_3^U \leqslant b_4^U \leqslant 1,$$
$$0 \leqslant \omega_{\tilde{B}}^L \leqslant \omega_{\tilde{B}}^U \leqslant 1, \tilde{B}^L \subset \tilde{B}^U$$

则

$$S(\tilde{A}, \tilde{B}) = \begin{cases} \sqrt{S_1(\tilde{A}, \tilde{B}) \times S_2(\tilde{A}, \tilde{B}) \times S_3(\tilde{A}, \tilde{B})}, & \max(\omega_{\tilde{A}^L}, \omega_{\tilde{B}^L}) \neq 0 \\ 0, & \max(\omega_{\tilde{A}^L}, \omega_{\tilde{B}^L}) = 0 \end{cases}$$

$$(5.8)$$

称作区间梯形模糊数 $\tilde{A}$ 和 $\tilde{B}$ 之间的相似度。其中

$$S_1(\tilde{A}, \tilde{B}) = \frac{(L(\tilde{A}^L, \tilde{B}^L) - 1)^2 + (L(\tilde{A}^U, \tilde{B}^U) - 1)^2}{2}$$

$$S_2(\tilde{A}, \tilde{B}) = \frac{\min(P(\tilde{A}^L), P(\tilde{B}^L))}{\max(P(\tilde{A}^L), P(\tilde{B}^L))} \times \frac{\min(P(\tilde{A}^U), P(\tilde{B}^U))}{\max(P(\tilde{A}^U), P(\tilde{B}^U))}$$

$$S_3(\tilde{A}, \tilde{B}) = \frac{\min(A(\tilde{A}^L), A(\tilde{B}^L)) + \min(\omega_{\tilde{A}^L}, \omega_{\tilde{B}^L})}{\max(A(\tilde{A}^L), A(\tilde{B}^L)) + \max(\omega_{\tilde{A}^L}, \omega_{\tilde{B}^L})} \times$$

$$\frac{\min(A(\tilde{A}^U), A(\tilde{B}^U)) + \min(\omega_{\tilde{A}^U}, \omega_{\tilde{B}^U})}{\max(A(\tilde{A}^U), A(\tilde{B}^U)) + \max(\omega_{\tilde{A}^U}, \omega_{\tilde{B}^U})}$$

式中，$L(\tilde{A}^L, \tilde{B}^L)$ 和 $L(\tilde{A}^U, \tilde{B}^U)$ 分别是 $\tilde{A}$ 和 $\tilde{B}$ 的下区间梯形模糊数 $\tilde{A}^L$ 与 $\tilde{B}^L$ 之间的几何距离，以及 $\tilde{A}$ 和 $\tilde{B}$ 的上区间梯形模糊数 $\tilde{A}^U$ 与 $\tilde{B}^U$ 之间的几何距离；$P(\tilde{A}^L)$、$P(\tilde{B}^L)$、$P(\tilde{A}^U)$ 和 $P(\tilde{B}^U)$ 分别是 $\tilde{A}^L$、$\tilde{B}^L$、$\tilde{A}^U$ 和 $\tilde{B}^U$ 的周长；$A(\tilde{A}^L)$、$A(\tilde{B}^L)$、$A(\tilde{A}^U)$ 和 $A(\tilde{B}^U)$ 分别是 $\tilde{A}^L$、$\tilde{B}^L$、$\tilde{A}^U$ 和 $\tilde{B}^U$ 的面积。

例5.5 设 $\tilde{A} = [(0.1, 0.2, 0.3, 0.4; 0.5), (0.1, 0.2, 0.3, 0.4; 1)]$

$\tilde{B} = [(0.2, 0.3, 0.4, 0.5; 0.5), (0.2, 0.3, 0.4, 0.5; 1)]$

由式 (5.8) 易得：$S(\tilde{A}, \tilde{B}) = 0.90$。

2. 区间梯形模糊数的相似度的简单性质

设 $\tilde{A}$ 和 $\tilde{B}$ 是两个区间梯形模糊数，则有：

性质5.3 $S(\tilde{A}, \tilde{B}) \in [0,1]$。

性质5.4 若 $\max(\omega_{\tilde{A}^L}, \omega_{\tilde{B}^L}) \neq 0$，当且仅当 $S(\tilde{A}, \tilde{B}) = 1$ 时，$\tilde{A} = \tilde{B}$。

证明： ① 必要性。若 $\tilde{A} = \tilde{B}$，则

$$\tilde{A}^L = \tilde{B}^L, \tilde{A}^U = \tilde{B}^U$$

即 $a_1^L = b_1^L$, $a_2^L = b_2^L$, $a_3^L = b_3^L$, $a_4^L = b_4^L$, $a_1^U = b_1^U$, $a_2^U = b_2^U$, $a_3^U = b_3^U$, $a_4^U = b_4^U$, $\omega_{\tilde{A}}^L = \omega_{\tilde{B}}^L$, $\omega_{\tilde{A}}^U = \omega_{\tilde{B}}^U$ 。

当 $\max(\omega_{\tilde{A}^L}, \omega_{\tilde{B}^L}) \neq 0$ 时，由式（5.8）易得

$$S_1(\tilde{A}, \tilde{B}) = 1, \ S_2(\tilde{A}, \tilde{B}) = 1, \ S_3(\tilde{A}, \tilde{B}) = 1$$

所以

$$S(\tilde{A}, \tilde{B}) = \sqrt{S_1(\tilde{A}, \tilde{B}) \times S_2(\tilde{A}, \tilde{B}) \times S_3(\tilde{A}, \tilde{B})} = 1$$

②充分性。若 $S(\tilde{A}, \tilde{B}) = 1$ ，则

$$S_1(\tilde{A}, \tilde{B}) \times S_2(\tilde{A}, \tilde{B}) \times S_3(\tilde{A}, \tilde{B}) = 1$$

又由于

$$L(\tilde{A}^L, \tilde{B}^L) \in [0, 1], L(\tilde{A}^U, \tilde{B}^U) \in [0, 1]$$

$$\frac{\min(P(\tilde{A}^L), P(\tilde{B}^L))}{\max(P(\tilde{A}^L), P(\tilde{B}^L))} \in [0, 1]$$

$$\frac{\min(P(\tilde{A}^U), P(\tilde{B}^U))}{\max(P(\tilde{A}^U), P(\tilde{B}^U))} \in [0, 1]$$

$$\frac{\min(A(\tilde{A}^L), A(\tilde{B}^L)) + \min(\omega_{\tilde{A}^L}, \omega_{\tilde{B}^L})}{\max(A(\tilde{A}^L), A(\tilde{B}^L)) + \max(\omega_{\tilde{A}^L}, \omega_{\tilde{B}^L})} \in [0, 1]$$

$$\frac{\min(A(\tilde{A}^U), A(\tilde{B}^U)) + \min(\omega_{\tilde{A}^U}, \omega_{\tilde{B}^U})}{\max(A(\tilde{A}^U), A(\tilde{B}^U)) + \max(\omega_{\tilde{A}^U}, \omega_{\tilde{B}^U})} \in [0, 1]$$

所以

$$\frac{(L(\tilde{A}^L,\tilde{B}^L) - 1)^2 + (L(\tilde{A}^U,\tilde{B}^U) - 1)^2}{2} = 1$$

$$\min(P(\tilde{A}^L),P(\tilde{B}^L)) = \max(P(\tilde{A}^L),P(\tilde{B}^L))$$

$$\min(P(\tilde{A}^U),P(\tilde{B}^U)) = \max(P(\tilde{A}^U),P(\tilde{B}^U))$$

$$\min(A(\tilde{A}^L),A(\tilde{B}^L)) + \min(\omega_{\tilde{A}^L},\omega_{\tilde{B}^L}) = \max(A(\tilde{A}^L),A(\tilde{B}^L)) + \max(\omega_{\tilde{A}^L},\omega_{\tilde{B}^L})$$

$$\min(A(\tilde{A}^U),A(\tilde{B}^U)) + \min(\omega_{\tilde{A}^U},\omega_{\tilde{B}^U}) = \max(A(\tilde{A}^U),A(\tilde{B}^U)) + \max(\omega_{\tilde{A}^U},\omega_{\tilde{B}^U})$$

即

$$S_1(\tilde{A},\tilde{B}) = 1, S_2(\tilde{A},\tilde{B}) = 1, S_3(\tilde{A},\tilde{B}) = 1$$

因此

$$L(\tilde{A}^L,\tilde{B}^L) = L(\tilde{A}^U,\tilde{B}^U) = 0$$

$$P(\tilde{A}^L) = P(\tilde{B}^L), P(\tilde{A}^U) = P(\tilde{B}^U)$$

根据式（5.5），由 $L(\tilde{A}^L,\tilde{B}^L) = 0$ 可推得

$$a_i^L = b_i^L, (i = 1,2,3,4)$$

类似地，由 $L(\tilde{A}^U,\tilde{B}^U) = 0$ 可推得

$$a_i^U = b_i^U, (i = 1,2,3,4)$$

根据式（5.6），由 $P(\tilde{A}^L) = P(\tilde{B}^L)$ 可推得

$$\omega_{\tilde{A}^L} = \omega_{\tilde{B}^L}$$

类似地，由 $P(\tilde{A}^U) = P(\tilde{B}^U)$ 可推得

$$\omega_{\tilde{A}^U} = \omega_{\tilde{B}^U}$$

从而有

$$\tilde{A}^L = \tilde{B}^L, \tilde{A}^U = \tilde{B}^U$$

即

$$\tilde{A} = \tilde{B}$$

性质 5.5　$S(\tilde{A}, \tilde{B}) = S(\tilde{B}, \tilde{A})$。

证明：由定义 5.7 可知

$$L(\tilde{A}^L, \tilde{B}^L) = L(\tilde{B}^L, \tilde{A}^L), \ L(\tilde{A}^U, \tilde{B}^U) = L(\tilde{B}^U, \tilde{A}^U)$$

$$\min(P(\tilde{A}^L), P(\tilde{B}^L)) = \min(P(\tilde{B}^L), P(\tilde{A}^L)),$$

$$\min(P(\tilde{A}^U), P(\tilde{B}^U)) = \min(P(\tilde{B}^U), P(\tilde{A}^U))$$

$$\min(A(\tilde{A}^L), A(\tilde{B}^L)) = \min(A(\tilde{B}^L), A(\tilde{A}^L)),$$

$$\min(A(\tilde{A}^U), A(\tilde{B}^U)) = \min(A(\tilde{B}^U), A(\tilde{A}^U))$$

$$\max(P(\tilde{A}^L), P(\tilde{B}^L)) = \max(P(\tilde{B}^L), P(\tilde{A}^L)),$$

$$\max(P(\tilde{A}^U), P(\tilde{B}^U)) = \max(P(\tilde{B}^U), P(\tilde{A}^U))$$

$$\max(A(\tilde{A}^L), A(\tilde{B}^L)) = \max(A(\tilde{B}^L), A(\tilde{A}^L)),$$

$$\max(A(\tilde{A}^U), A(\tilde{B}^U)) = \max(A(\tilde{B}^U), A(\tilde{A}^U))$$

$$\min(\omega_{\tilde{A}^L}, \omega_{\tilde{B}^L}) = \min(\omega_{\tilde{B}^L}, \omega_{\tilde{A}^L}), \min(\omega_{\tilde{A}^U}, \omega_{\tilde{B}^U}) = \min(\omega_{\tilde{B}^U}, \omega_{\tilde{A}^U})$$

$$\max(\omega_{\tilde{A}^L}, \omega_{\tilde{B}^L}) = \max(\omega_{\tilde{B}^L}, \omega_{\tilde{A}^L}), \max(\omega_{\tilde{A}^U}, \omega_{\tilde{B}^U}) = \max(\omega_{\tilde{B}^U}, \omega_{\tilde{A}^U})$$

由定义 5.8 可知

$$S_1(\tilde{A}, \tilde{B}) = S_1(\tilde{B}, \tilde{A}), S_2(\tilde{A}, \tilde{B}) = S_2(\tilde{B}, \tilde{A}), S_3(\tilde{A}, \tilde{B}) = S_3(\tilde{B}, \tilde{A})$$

因此

$$S(\tilde{A}, \tilde{B}) = S(\tilde{B}, \tilde{A})$$

性质 5.6 若 $\tilde{A} = [(0,0,0,0;0), (0,0,0,0;0)]$, $\tilde{B} = [(1,1,1,1;1), (1,1,1,1;1)]$, 则 $S(\tilde{A}, \tilde{B}) = 0$。

证明: 由式 (5.8) 得

$$S_1(\tilde{A}, \tilde{B}) = \frac{(1-1)^2 + (1-1)^2}{2} = 0$$

$$S_2(\tilde{A}, \tilde{B}) = \frac{\min(0,2)}{\max(0,2)} \times \frac{\min(0,2)}{\max(0,2)} = 0$$

$$S_3(\tilde{A}, \tilde{B}) = \frac{\min(0,0) + \min(0,1)}{\max(0,0) + \max(0,1)} \times \frac{\min(0,0) + \min(0,1)}{\max(0,0) + \max(0,1)} = 0$$

所以

$$S(\tilde{A}, \tilde{B}) = \sqrt{S_1(\tilde{A}, \tilde{B}) \times S_2(\tilde{A}, \tilde{B}) \times S_3(\tilde{A}, \tilde{B})} = 0$$

性质 5.7 若 $\tilde{A}$、$\tilde{B}$ 是 $[0,1]$ 上的两个实数, 且 $\tilde{A} = a$, $\tilde{B} = b$, 则 $S(\tilde{A}, \tilde{B}) = 1 - |a - b|$。

证明: 根据题意, 有

$$\tilde{A} = a = (a,a,a,a;1) = [(a,a,a,a;1), (a,a,a,a;1)]$$

$$\tilde{B} = b = (b,b,b,b;1) = [(b,b,b,b;1)](b,b,b,b;1)]$$

由式 (5.8) 得

$$S_1(\tilde{A},\tilde{B}) = \frac{(\,|\,a-b\,|-1)^2 + (\,|\,a-b\,|-1)^2}{2} = (\,|\,a-b\,|-1)^2$$

$$S_2(\tilde{A},\tilde{B}) = \frac{\min(2,2)}{\max(2,2)} \times \frac{\min(2,2)}{\max(2,2)} = 1$$

$$S_3(\tilde{A},\tilde{B}) = \frac{\min(0,0) + \min(1,1)}{\max(0,0) + \max(1,1)} \times \frac{\min(0,0) + \min(1,1)}{\max(0,0) + \max(1,1)} = 1$$

因此

$$S(\tilde{A},\tilde{B}) = \sqrt{S_1(\tilde{A},\tilde{B}) \times S_2(\tilde{A},\tilde{B}) \times S_3(\tilde{A},\tilde{B})} = 1 - |\,a-b\,|$$

5.3.3　基于区间梯形模糊数的模糊风险分析方法

下面运用本节提出的区间梯形模糊数的相似度来研究模糊风险分析问题。

假设工厂 M 生产的组件 $\tilde{C}$ 包含 n 个子组件 $\tilde{C}_1$，$\tilde{C}_2$，$\cdots$，$\tilde{C}_n$，评估 $\tilde{C}$ 的失效的概率。设 $\tilde{R}$ 表示生产的组件 $\tilde{C}$ 的失效的概率，$\tilde{R}_i$ 表示子组件 $\tilde{C}_i$ 的失效的概率，$\tilde{W}_i$ 表示子组件 $\tilde{C}_i$ 的损失的严重性。

本节运用第 2 章引入的模糊风险分析结构的下列公式

$$\tilde{R} = \frac{\displaystyle\sum_{i=1}^{n} \tilde{W}_i \otimes \tilde{R}_i}{\displaystyle\sum_{i=1}^{n} \tilde{W}_i} \tag{5.9}$$

计算组件 $\tilde{C}$ 的总风险。式中，$\tilde{R}_i$ 和 $\tilde{W}_i (i = 1, 2, \cdots, n)$ 用表 5.4 中给出的

区间梯形模糊数的语言术语来表示。

表5.4 九个区间梯形模糊数表示的语言术语[109]

语言术语	区间梯形模糊数
Absolutely-low(绝对低)	$[(0,0,0,0;1.00),(0,0,0,0;1.00)]$
Very-low(很低)	$[(0.0075,0.0075,0.0150,0.0525;0.50),$ $(0,0,0.0200,0.0700;1.00)]$
Low(低)	$[(0.0875,0.1200,0.1600,0.1825;0.50),$ $(0.0400,0.1000,0.1800,0.2300;1.00)]$
Fairly-low(相对低)	$[(0.2325,0.2550,0.3250,0.3575;0.50),$ $(0.1700,0.2200,0.3600,0.4200;1.00)]$
Medium(中等)	$[(0.4025,0.4525,0.5375,0.5675;0.50),$ $(0.3200,0.4100,0.5800,0.6500;1.00)]$
Fairly-high(相对高)	$[(0.6500,0.6725,0.7575,0.7900;0.50),$ $(0.5800,0.6300,0.8000,0.8600;1.00)]$
High(高)	$[(0.7825,0.8150,0.8850,0.9075;0.50),$ $(0.7200,0.7800,0.9200,0.9700;1.00)]$
Very-high(很高)	$[(0.9475,0.9850,0.9925,0.9925;0.50),$ $(0.9300,0.9800,1.0000,1.0000;1.00)]$
Absolutely-high(绝对高)	$[(1.0000,1.0000,1.0000,1.0000;1.00),$ $(1.0000,1.0000,1.0000,1.0000;1.00)]$

　　基于本节提出的区间梯形模糊数的相似度,评估模糊风险的具体步骤如下。

　　第一步:运用式(5.9),结合每个子组件$\tilde{C}_i(1 \leqslant i \leqslant n)$的失效的概率$\tilde{R}_i$和损失的严重性$\tilde{W}_i$,计算组件$\tilde{C}$的总风险$\tilde{R}$,且$\tilde{R}$是用区间梯形模糊数形式表示的。

　　第二步:基于本节提出的区间梯形模糊数的相似度,计算组件$\tilde{C}$的总风险$\tilde{R}$和表5.4中的各语言术语间的相似度。

第三步:选出 $\tilde{R}$ 与各语言术语间相似度的最大者,其对应的语言术语就是组件 $\tilde{C}$ 的总风险的语言表达。

5.4　本章小结

本章首先基于模糊蕴涵定义了模糊互补判断矩阵的一致性程度,给出了模糊互补判断矩阵一致性程度的两个性质以及该矩阵与其逆矩阵、补矩阵和对偶矩阵的一致性程度之间的关系,这为决策者判断模糊互补判断矩阵的一致性提供了新思路。其次,为了度量风险的不确定性(即随机不确定性和模糊不确定性)和损失等,结合决策者的风险态度,给出了一种决策风险度量的新方法。最后,结合广义梯形模糊数的几何距离、周长和面积等概念,提出了一种新的区间梯形模糊数的相似度的度量方法,得到了该相似度的一些相关性质。运用区间梯形模糊数表示的语言术语,计算出每个组件的风险与区间梯形模糊数表示的语言术语间的相似度,选出相似度的最大者,从而得出风险最大者,以此来评估模糊风险。

第 ⑥ 章　在项目选择中的应用示例

在前述章节研究的基础上，本章主要是将第 3 章和第 4 章的模糊多属性决策方法以及第 5 章的模糊风险分析方法应用到项目选择中，讨论项目方案的选择与排序以及分析项目的风险。

6.1　问题描述

基于模糊理论，研究如何给出项目方案的排序，完成方案的比较和选择，最终选出最优方案，并分析项目的风险等问题。假设对某项目的若干备选方案进行评价，涉及四个评价属性：创新资源投入能力、创新管理能力、研究开发能力和营销能力。现对这四个评价属性进行评价，以期对给出的备选方案进行决策。设有若干个项目均涉及六种风险：技术风险、市场风险、财务风险、生产风险、管理风险和政策风险，对这若干个项目的风险进行分析，选出风险最小的项目。

假设需要解决的问题如下。

问题一：假设某项目有三个备选方案供选择，对该项目的四个评价属性进行评价，且其中的属性类型都是效益型，即属性值越大，属性越好。由决策者对这四个评价属性进行打分，但决策者给不出确定的属性评价值，只能给出方案满足属性的程度和不满足属性的程度，且这两个程度只能分别以区间数的形式给出。如何刻画备选方案的属性值，选择最优方案，以便决策者选择可行的方案？

问题二：假设某项目有五个备选方案供选择，对该项目的四个评价属性进行评价，由决策者对这四个评价属性进行打分。但是在该问题中，决策者对四个评价属性进行打分时，既给不出确定的属性评价值，也给不出方案满足属性的程度和不满足属性的程度的区间数形式，只能分别给出比区间数形式更广的梯形模糊数形式。如何刻画备选方案的属性值，选择最优方案，以便决策者选择可行的方案？

问题三：假设有三个项目，每个项目涉及的风险有六种：技术风险、市场风险、财务风险、生产风险、管理风险和政策风险。如何评估这三个项目的风险，求出各个项目的风险值，选出风险最小的项目？

6.2　具体分析

问题一：这是一个方案最优选择问题。当决策者对项目方案进行决策时，需要对每个方案的属性值进行评估，得到每个方案的属性值。由于该问题指出决策者只能给出方案满足属性的程度和不满足属性的程度，且这两个程度只能分别以区间数的形式给出，这实际上就可以用区间直觉模糊数来刻画。为此，对于该问题来说，假设决策者对这三个备选方案 $x_i(i=1,2,3)$ 的四个评价属性 $s_j(j=1,2,3,4)$ 进行打分时，属性值以区间直觉模糊数形式给出，进而得出每个方案的综合属性值，依据综合属性值对方案进行排序，从中选出最优方案。

问题二：这也是一个方案最优选择问题。由于在该问题中，决策者既给不出确定的属性评价值，也给不出方案满足属性的程度和不满足属性的程度的区间数形式，而是只能分别以梯形模糊数的形式给出，它是比区间数更广的一种模糊数，实际上这是可以用梯形直觉模糊数来刻画的。因此，对于该问题，假设由决策者对五个备选方案 $x_i(i=1,2,3,4,5)$ 的四个属性 $s_j(j=1,2,3,4)$ 进行打分时，属性值以梯形直觉模糊数形式给出，进而得出每个方案的综合属性值，依据综合属性值对方案进行排序，从中选出最优方案。

问题三：这是一个项目的风险评估问题。由决策者评估三个项目 $\tilde{A}_i(i=1,2,3)$ 的六种风险，并用表5.4中的语言术语表示这些风险的风险概率和损失严重性。如果项目 $\tilde{A}_i(i=1,2,3)$ 失败，则它的六种风险的风险概率分别记作 $\tilde{R}_1^{(i)}$，$\tilde{R}_2^{(i)}$，$\tilde{R}_3^{(i)}$，$\tilde{R}_4^{(i)}$，$\tilde{R}_5^{(i)}$，$\tilde{R}_6^{(i)}$，损失严重性分别记作 $\tilde{W}_1^{(i)}$，$\tilde{W}_2^{(i)}$，$\tilde{W}_3^{(i)}$，$\tilde{W}_4^{(i)}$，$\tilde{W}_5^{(i)}$，$\tilde{W}_6^{(i)}$。假设决策者给出的项目风险值如表6.1所示，结合这六种风险的风险概率和损失严重性，从中选出风险最小的项目。

表 6.1　项目的风险值

$\tilde{A}_i$	技术风险		市场风险		财务风险		生产风险		管理风险		政策风险	
	$\tilde{R}_1^{(i)}$	$\tilde{W}_1^{(i)}$	$\tilde{R}_2^{(i)}$	$\tilde{W}_2^{(i)}$	$\tilde{R}_3^{(i)}$	$\tilde{W}_3^{(i)}$	$\tilde{R}_4^{(i)}$	$\tilde{W}_4^{(i)}$	$\tilde{R}_5^{(i)}$	$\tilde{W}_5^{(i)}$	$\tilde{R}_6^{(i)}$	$\tilde{W}_6^{(i)}$
$\tilde{A}_1$	很低	相对低	低	很低	相对高	中等	相对低	低	高	中等	相对高	高
$\tilde{A}_2$	相对低	中等	中等	低	高	相对高	高	中等	相对高	相对低	低	相对低
$\tilde{A}_3$	低	相对低	相对低	中等	中等	低	相对高	中等	相对低	高	低	很低

6.3　求解过程

1. 问题一的求解

基于区间直觉模糊数，结合第 3.3 节给出的基于 IIFCOWA 算子或 IIFCOWG 算子的模糊多属性决策方法，给出问题一的求解过程。

假设四个评价属性的属性权重为：$\tilde{v} = (0.4, 0.2, 0.3, 0.1)$。决策者对方案 x_i 关于属性 s_j 的决策信息是区间直觉模糊数

$$\tilde{a}_{x_i}(s_j) \triangleq (\tilde{a}_{ij}) \triangleq ([a_{ij}, b_{ij}], [c_{ij}, d_{ij}]), \quad (i = 1,2,3; \; j = 1,2,3,4)$$

则构成区间直觉模糊决策矩阵 $\tilde{A} = (\tilde{a}_{ij})_{3 \times 4}$，$[a_{ij}, b_{ij}]$ 表示决策者认为方案 $x_i(i = 1,2,3)$ 满足属性 $s_j(j = 1,2,3,4)$ 的程度范围，$[c_{ij}, d_{ij}]$ 表示决策者认为方案 $x_i(i = 1,2,3)$ 不满足属性 $s_j(j = 1,2,3,4)$ 的程度范围。

第一步：建立区间直觉模糊决策矩阵

$$\tilde{A} = (\tilde{a}_{ij})_{3 \times 4} = \begin{bmatrix} \tilde{a}_{11} & \tilde{a}_{12} & \tilde{a}_{13} & \tilde{a}_{14} \\ \tilde{a}_{21} & \tilde{a}_{22} & \tilde{a}_{23} & \tilde{a}_{24} \\ \tilde{a}_{31} & \tilde{a}_{32} & \tilde{a}_{33} & \tilde{a}_{34} \end{bmatrix} =$$

$$\begin{bmatrix} ([0.6, 0.7], [0.1, 0.2]) & ([0.5, 0.6], [0.2, 0.3]) \\ ([0.5, 0.7], [0.2, 0.3]) & ([0.5, 0.6], [0.3, 0.4]) \\ ([0.7, 0.8], [0.1, 0.2]) & ([0.5, 0.7], [0.2, 0.3]) \end{bmatrix}$$

$$\begin{matrix} ([0.5, 0.7], [0.2, 0.3]) & ([0.4, 0.6], [0.2, 0.3]) \\ ([0.3, 0.5], [0.4, 0.5]) & ([0.4, 0.5], [0.3, 0.5]) \\ ([0.5, 0.8], [0.1, 0.2]) & ([0.6, 0.7], [0.1, 0.2]) \end{matrix}$$

第二步：运用式（3.4），得到位置权重向量

$$w = \{0.155, 0.345, 0.345, 0.155\}^{\mathrm{T}}$$

第三步：运用 IIFCOWA 算子，对第 $i(i = 1,2,3)$ 行的属性值进行集结

$$1.6\tilde{a}_{11} = 1.6 \cdot ([0.6, 0.7], [0.1, 0.2])$$
$$= ([0.7692, 0.8543], [0.0251, 0.0761])$$

$$0.8\tilde{a}_{12} = 0.8 \cdot ([0.5, 0.6], [0.2, 0.3])$$
$$= ([0.4257, 0.5196], [0.2759, 0.3817])$$

$$1.2\tilde{a}_{13} = 1.2 \cdot ([0.5, 0.7], [0.2, 0.3])$$
$$= ([0.5647, 0.7642], [0.1450, 0.2358])$$

$$0.4\tilde{a}_{14} = 0.4 \cdot ([0.4, 0.6], [0.2, 0.3])$$
$$= ([0.1848, 0.3069], [0.5253, 0.6178])$$

$$1.6\tilde{a}_{21} = 1.6 \cdot ([0.5, 0.7], [0.2, 0.3])$$
$$= ([0.6701, 0.8543], [0.0761, 0.1457])$$

$$0.8\tilde{a}_{22} = 0.8 \cdot ([0.5, 0.6], [0.3, 0.4])$$
$$= ([0.4257, 0.5196], [0.3817, 0.4804])$$

$$1.2\tilde{a}_{23} = 1.2 \cdot ([0.3, 0.5], [0.4, 0.5])$$
$$= ([0.3482, 0.5647], [0.3330, 0.4353])$$

$$0.4\tilde{a}_{24} = 0.4 \cdot ([0.4, 0.5], [0.3, 0.5])$$
$$= ([0.1848, 0.2421], [0.6178, 0.7579])$$

$$1.6\tilde{a}_{31} = 1.6 \cdot ([0.7, 0.8], [0.1, 0.2])$$
$$= ([0.8543, 0.9239], [0.0251, 0.0761])$$

$$0.8\tilde{a}_{32} = 0.8 \cdot ([0.5, 0.7], [0.2, 0.3])$$

$$= ([0.4257, 0.6183], [0.2759, 0.3817])$$

$$1.2\tilde{a}_{33} = 1.2 \cdot ([0.5, 0.8], [0.1, 0.2])$$

$$= ([0.5647, 0.8550], [0.0631, 0.1450])$$

$$0.4\tilde{a}_{34} = 0.4 \cdot ([0.6, 0.7], [0.1, 0.2])$$

$$= ([0.3069, 0.3822], [0.3981, 0.5253])$$

得到方案 $x_i(i=1,2,3)$ 的综合属性值 $V_i(i=1,2,3)$ 如下：

$$V_1 = 0.155 \cdot ([0.7692, 0.8543], [0.0251, 0.0761]) +$$
$$0.345 \cdot ([0.5647, 0.7642], [0.1450, 0.2358]) +$$
$$0.345 \cdot ([0.4257, 0.5196], [0.2759, 0.3817]) +$$
$$0.155 \cdot ([0.1848, 0.3069], [0.5253, 0.6178])$$
$$= ([0.5215, 0.6694], [0.1684, 0.2713])$$

$$V_2 = 0.155 \cdot ([0.6701, 0.8543], [0.0761, 0.1457]) +$$
$$0.345 \cdot ([0.3482, 0.5647], [0.3330, 0.4353]) +$$
$$0.345 \cdot ([0.4257, 0.5196], [0.3817, 0.4804]) +$$
$$0.155 \cdot ([0.1848, 0.2421], [0.6178, 0.7579])$$
$$= ([0.4187, 0.5858], [0.3056, 0.4142])$$

$$V_3 = 0.155 \cdot ([0.8543, 0.9239], [0.0251, 0.0761]) +$$
$$0.345 \cdot ([0.5647, 0.8550], [0.0631, 0.1450]) +$$
$$0.345 \cdot ([0.4257, 0.6183], [0.2759, 0.3817]) +$$
$$0.155 \cdot ([0.3069, 0.3822], [0.3981, 0.5253])$$
$$= ([0.5655, 0.7706], [0.1211, 0.2237])$$

第四步：根据方案 $x_i(i=1,2,3)$ 的综合属性值 $V_i(i=1,2,3)$，计算得到

$$D(V_1) = 0.4727; D(V_2) = 0.5888; D(V_3) = 0.4112$$

显然

$$D(V_3) < D(V_1) < D(V_2)$$

由定义 3.5 得

$$V_3 > V_1 > V_2$$

所以，最优方案为 x_3。

另外，运用 IIFCOWG 算子也可以对上述决策问题进行研究，具体如下。

首先，基于 IIFCOWG 算子，对第 $i(i = 1,2,3)$ 行属性值进行集结。

$$\tilde{a}_{11}^{1.6} = ([0.6, 0.7], [0.1, 0.2])^{1.6}$$
$$= ([0.4416, 0.5651], [0.1551, 0.3002])$$

$$\tilde{a}_{12}^{0.8} = ([0.5, 0.6], [0.2, 0.3])^{0.8}$$
$$= ([0.5743, 0.6645], [0.1635, 0.2482])$$

$$\tilde{a}_{13}^{1.2} = ([0.5, 0.7], [0.2, 0.3])^{1.2}$$
$$= ([0.4353, 0.6518], [0.2349, 0.3482])$$

$$\tilde{a}_{14}^{0.4} = ([0.4, 0.6], [0.2, 0.3])^{0.4}$$
$$= ([0.6931, 0.8152], [0.0854, 0.1330])$$

$$\tilde{a}_{21}^{1.6} = ([0.5, 0.7], [0.2, 0.3])^{1.6}$$
$$= ([0.3299, 0.5651], [0.3002, 0.4349])$$

$$\tilde{a}_{22}^{0.8} = ([0.5, 0.6], [0.3, 0.4])^{0.8}$$
$$= ([0.5743, 0.6645], [0.2482, 0.3355])$$

$$\tilde{a}_{23}^{1.2} = ([0.3,\ 0.5],\ [0.4,\ 0.5])^{1.2}$$
$$= ([0.2358,\ 0.4353],\ [0.4583,\ 0.5647])$$

$$\tilde{a}_{24}^{0.4} = ([0.4,\ 0.5],\ [0.3,\ 0.5])^{0.4}$$
$$= ([0.6931,\ 0.7579],\ [0.1330,\ 0.2421])$$

$$\tilde{a}_{31}^{1.6} = ([0.7,\ 0.8],\ [0.1,\ 0.2])^{1.6}$$
$$= ([0.5651,\ 0.6998],\ [0.1551,\ 0.3002])$$

$$\tilde{a}_{32}^{0.8} = ([0.5,\ 0.7],\ [0.2,\ 0.3])^{0.8}$$
$$= ([0.5743,\ 0.7518],\ [0.1635,\ 0.2482])$$

$$\tilde{a}_{33}^{1.2} = ([0.5,\ 0.8],\ [0.1,\ 0.2])^{1.2}$$
$$= ([0.4353,\ 0.7651],\ [0.1188,\ 0.2349])$$

$$\tilde{a}_{34}^{0.4} = ([0.6,\ 0.7],\ [0.1,\ 0.2])^{0.4}$$
$$= ([0.8152,\ 0.8670],\ [0.0413,\ 0.0854])$$

得到方案 $x_i(i=1,\ 2,\ 3)$ 的综合属性值 $V_i(i=1,\ 2,\ 3)$ 如下：

$$V_1 = ([0.5174,\ 0.6467],\ [0.1606,\ 0.2665])$$
$$V_2 = ([0.4255,\ 0.6006],\ [0.2872,\ 0.3995])$$
$$V_3 = ([0.5776,\ 0.7518],\ [0.1357,\ 0.2419])$$

其次，根据方案 $x_i(i=1,\ 2,\ 3)$ 的综合属性值 $V_i(i=1,\ 2,\ 3)$ ，计算得到 $D(V_i)(i=1,\ 2,\ 3)$ ：

$$D(V_1) = 0.4789; D(V_2) = 0.5766; D(V_3) = 0.4235$$

显然

$$D(V_3)\ <\ D(V_1)\ <\ D(V_2)$$

最后，由定义 3.5 得

$$V_3 > V_1 > V_2$$

所以，最优方案为 x_3。

2. 问题二的求解

基于梯形直觉模糊数，结合第 4.3 节提出的基于 TIFIOWA 算子或 TIFIOWG 算子的模糊多属性决策方法，给出问题二的求解过程。

设决策者对方案 $x_i(i = 1,2,3,4,5)$ 关于属性 $s_j(j = 1,2,3,4)$ 的决策信息为梯形直觉模糊数

$$\tilde{a}_{x_i}(s_j) = \tilde{a}_{ij} = ([\mu_{ij}^L, \mu_{ij}^{ML}, \mu_{ij}^{MU}, \mu_{ij}^U], [\nu_{ij}^L, \nu_{ij}^{ML}, \nu_{ij}^{MU}, \nu_{ij}^U])$$

从而构成梯形直觉模糊决策矩阵 $\tilde{A} = (\tilde{a}_{ij})_{5 \times 4}$。式中，$[\mu_{ij}^L, \mu_{ij}^{ML}, \mu_{ij}^{MU}, \mu_{ij}^U]$ 表示决策者认为方案 x_i 满足属性 s_j 的程度范围；$[\nu_{ij}^L, \nu_{ij}^{ML}, \nu_{ij}^{MU}, \nu_{ij}^U]$ 表示决策者认为方案 x_i 不满足属性 s_j 的程度范围。

第一步：假定决策者给出的梯形直觉模糊决策矩阵为

$$\tilde{A} = (\tilde{a}_{ij})_{5 \times 4} = \begin{matrix} & \begin{matrix} s_1 & s_2 & s_3 & s_4 \end{matrix} \\ \begin{matrix} x_1 \\ x_2 \\ x_3 \\ x_4 \\ x_5 \end{matrix} & \begin{bmatrix} \tilde{a}_{11} & \tilde{a}_{12} & \tilde{a}_{13} & \tilde{a}_{14} \\ \tilde{a}_{21} & \tilde{a}_{22} & \tilde{a}_{23} & \tilde{a}_{24} \\ \tilde{a}_{31} & \tilde{a}_{32} & \tilde{a}_{33} & \tilde{a}_{34} \\ \tilde{a}_{41} & \tilde{a}_{42} & \tilde{a}_{43} & \tilde{a}_{44} \\ \tilde{a}_{51} & \tilde{a}_{52} & \tilde{a}_{53} & \tilde{a}_{54} \end{bmatrix} \end{matrix} =$$

$$s_1$$

$$
\begin{matrix}
x_1 \\
x_2 \\
x_3 \\
x_4 \\
x_5
\end{matrix}
\begin{bmatrix}
[0.39,0.46,0.50,0.56],[0.13,0.21,0.29,0.32] \\
[0.26,0.49,0.54,0.60],[0.15,0.20,0.24,0.35] \\
[0.41,0.48,0.58,0.65],[0.17,0.22,0.27,0.30] \\
[0.45,0.57,0.69,0.76],[0.10,0.18,0.20,0.24] \\
[0.47,0.51,0.58,0.79],[0.05,0.13,0.14,0.17]
\end{bmatrix}
$$

$$s_2$$

$$
\begin{bmatrix}
[0.21,0.28,0.46,0.58],[0.16,0.27,0.35,0.37] \\
[0.28,0.37,0.53,0.61],[0.19,0.23,0.30,0.39] \\
[0.32,0.39,0.46,0.52],[0.13,0.21,0.29,0.33] \\
[0.31,0.45,0.56,0.64],[0.09,0.17,0.20,0.26] \\
[0.37,0.43,0.52,0.69],[0.06,0.12,0.19,0.23]
\end{bmatrix}
$$

$$s_3$$

$$
\begin{bmatrix}
[0.38,0.49,0.56,0.67],[0.12,0.17,0.28,0.29] \\
[0.29,0.45,0.61,0.68],[0.16,0.21,0.29,0.31] \\
[0.37,0.53,0.64,0.66],[0.18,0.24,0.30,0.32] \\
[0.38,0.52,0.63,0.71],[0.20,0.23,0.24,0.28] \\
[0.40,0.42,0.68,0.73],[0.09,0.12,0.16,0.23]
\end{bmatrix}
$$

$$s_4$$

$$
\begin{bmatrix}
[0.35,0.42,0.48,0.51],[0.18,0.21,0.33,0.34] \\
[0.23,0.26,0.40,0.47],[0.15,0.29,0.34,0.37] \\
[0.26,0.27,0.43,0.53],[0.17,0.31,0.36,0.42] \\
[0.36,0.47,0.56,0.63],[0.16,0.24,0.27,0.29] \\
[0.42,0.59,0.65,0.72],[0.12,0.15,0.18,0.24]
\end{bmatrix}
$$

第二步：利用式（4.3）和式（4.4），采用模糊语义量化"大多数"准则，得出与 TIFIOWA 算子相关的位置权重向量为

$$\boldsymbol{w} = \{w_1,w_2,\cdots,w_4\}^{\mathrm{T}} = (0,0.40,0.50,0.10)^{\mathrm{T}}$$

第三步: 假设四个属性的权重向量为 $u = (u_1, u_2, u_3, u_4)^T = (0.30, 0.35, 0.20, 0.15)^T$, 利用 TIFIOWA 算子对第 i 行属性值进行综合集结, 得到决策者对方案 $x_i (i = 1, 2, 3, 4, 5)$ 的综合属性值 V_i

$$V_i = TIFIOWA_w(\langle u_1, a_{i1} \rangle, \langle u_2, a_{i2} \rangle, \langle u_3, a_{i3} \rangle, \langle u_4, a_{i4} \rangle)$$
$$= w_1 a_{\sigma(1)}^{(i)} \oplus w_2 a_{\sigma(2)}^{(i)} \oplus w_3 a_{\sigma(3)}^{(i)} \oplus w_4 a_{\sigma(4)}^{(i)}$$

式中, u_j 表示属性 $s_j (j = 1, 2, 3, 4)$ 的权重向量; $a_{\sigma(j)}^{(i)}$ 表示对于方案 x_i 来说, 在 $\{u_1, u_2, u_3, u_4\}$ 中第 j 个最大元素 u_j 所对应的二元组 $\langle u_j, a_{ij} \rangle$ 的第二个分量, 于是

$$V_1 = TIFIOWA_w(\langle u_1, a_{11} \rangle, \langle u_2, a_{12} \rangle, \langle u_3, a_{13} \rangle, \langle u_4, a_{14} \rangle)$$
$$= w_1 a_{\sigma(1)}^{(1)} \oplus w_2 a_{\sigma(2)}^{(1)} \oplus w_3 a_{\sigma(3)}^{(1)} \oplus w_4 a_{\sigma(4)}^{(1)}$$
$$= 0 \cdot a_{12} \oplus 0.40 a_{11} \oplus 0.50 a_{13} \oplus 0.10 a_{14}$$
$$= ([0.3811, 0.4715, 0.5291, 0.6148],$$
$$[0.1290, 0.1889, 0.2887, 0.3065])$$

类似地

$$V_2 = ([0.2723, 0.4503, 0.5650, 0.6320], [0.1549, 0.2127, 0.2732, 0.3312])$$

$$V_3 = ([0.3764, 0.4886, 0.5991, 0.6447], [0.1749, 0.2378, 0.2929, 0.3204])$$

$$V_4 = ([0.4071, 0.5361, 0.6493, 0.7245], [0.1482, 0.2094, 0.2258, 0.2642])$$

$$V_5 = ([0.4310, 0.4763, 0.6400, 0.7549], [0.0732, 0.1267, 0.1535, 0.2047])$$

第四步: 不妨设决策者对待风险的态度是中立的, 即 $\lambda = \frac{1}{2}$。通过

对方案 x_i 和 x_j 的综合属性值 V_i 和 $V_j(j = 1,2,3,4,5)$ 进行两两比较，得到 $V_i \geq V_j$ 的可能度，建立各方案的综合属性间的可能度矩阵：

$$\tilde{\boldsymbol{P}} = (\tilde{p}_{ij})_{m \times m} = \begin{array}{c} \\ V_1 \\ V_2 \\ V_3 \\ V_4 \\ V_5 \end{array} \begin{array}{ccccc} V_1 & V_2 & V_3 & V_4 & V_5 \\ \begin{bmatrix} 0.5000 & 0.5384 & 0.4999 & 0.1991 & 0.0970 \\ 0.4616 & 0.5000 & 0.4815 & 0.1491 & 0.0905 \\ 0.5001 & 0.5185 & 0.5000 & 0.1474 & 0.1613 \\ 0.8009 & 0.8509 & 0.8526 & 0.5000 & 0.2871 \\ 0.9030 & 0.9095 & 0.8387 & 0.7129 & 0.5000 \end{bmatrix} \end{array}$$

$$(6.1)$$

第五步：运用式（4.11）和式（6.1），得到 $r_i(i = 1,2,3,4,5)$ 的值，即

$$r_1 = 0.1667, \ r_2 = 0.1591, \ r_3 = 0.1664, \ r_4 = 0.2396, \ r_5 = 0.2682$$

所以

$$r_5 > r_4 > r_1 > r_3 > r_2$$

根据 $r_i(i = 1,2,3,4,5)$ 值的大小，对各方案 $x_i(i = 1,2,3,4,5)$ 进行排序，选出的最佳方案为 x_5。

另外，也可以基于 TIFIOWG 算子对问题二进行研究，具体步骤如下。

首先，利用 TIFIOWG 算子对第 i 行属性值进行综合集结，得到决策者对方案 $x_i(i = 1,2,3,4,5)$ 的综合属性值 V_i

$$V_i = TIFIOWG_w(\langle u_1, a_{i1}\rangle, \langle u_2, a_{i2}\rangle, \langle u_3, a_{i3}\rangle, \langle u_4, a_{i4}\rangle)$$

$$= (a_{\sigma(1)}^{(i)})^{w_1} \otimes (a_{\sigma(2)}^{(i)})^{w_2} \otimes (a_{\sigma(3)}^{(i)})^{w_3} \otimes (a_{\sigma(4)}^{(i)})^{w_4}$$

117

式中，u_j 表示属性 $s_j(j=1,2,3,4)$ 的权重向量；$a_{\sigma(j)}^{(i)}$ 表示对于方案 x_i 来说，在 $\{u_1,u_2,u_3,u_4\}$ 中第 j 个最大元素 u_j 所对应的二元组 $\langle u_j,a_{ij}\rangle$ 的第二个分量。因此

$$V_1 = TIFIOWG_w(\langle u_1,a_{11}\rangle,\langle u_2,a_{12}\rangle,\langle u_3,a_{13}\rangle,\langle u_4,a_{14}\rangle)$$

$$=(a_{\sigma(1)}^{(1)})^{w_1}\otimes(a_{\sigma(2)}^{(1)})^{w_2}\otimes(a_{\sigma(3)}^{(1)})^{w_3}\otimes(a_{\sigma(4)}^{(1)})^{w_4}$$

$$=(a_{12})^{w_1}\otimes(a_{11})^{w_2}\otimes(a_{13})^{w_3}\otimes(a_{14})^{w_4}$$

$$=([0.3808,0.4705,0.5270,0.6068],$$

$$[0.1302,0.1902,0.2892,0.3072])$$

类似地

$$V_2 = ([0.2712,0.4407,0.5570,0.6233],[0.1550,0.2144,0.2757,$$
$$0.3324])$$

$$V_3 = ([0.3721,0.4762,0.5913,0.6417],[0.1750,0.2394,0.2945,$$
$$0.3229])$$

$$V_4 = ([0.4044,0.5340,0.6457,0.7209],[0.1573,0.2114,0.2274,$$
$$0.2653])$$

$$V_5 = ([0.4287,0.4696,0.6352,0.7524],[0.0773,0.1270,0.1541,$$
$$0.2076])$$

其次，不妨设决策者对待风险的态度是中立的，即 $\lambda=\dfrac{1}{2}$。基于 TIFIOWG 算子导出综合属性值 $V_i(i=1,2,3,4,5)$，通过对方案 x_i 和 x_j 的综合属性值 V_i 和 $V_j(i,j=1,2,3,4,5)$ 进行两两比较，得到 $V_i\geq V_j$ 的可能度，建立各方案的综合属性间的可能度矩阵：

$$\tilde{\boldsymbol{P}} = (\tilde{p}_{ij})_{m \times m} = \begin{array}{c} \\ V_1 \\ V_2 \\ V_3 \\ V_4 \\ V_5 \end{array} \begin{array}{ccccc} V_1 & V_2 & V_3 & V_4 & V_5 \\ \begin{bmatrix} 0.5000 & 0.5574 & 0.5221 & 0.2075 & 0.1046 \\ 0.4426 & 0.5000 & 0.4795 & 0.1446 & 0.0846 \\ 0.4779 & 0.5205 & 0.5000 & 0.1400 & 0.1542 \\ 0.7925 & 0.8554 & 0.8600 & 0.5000 & 0.2917 \\ 0.8954 & 0.9154 & 0.8458 & 0.7083 & 0.5000 \end{bmatrix} \end{array}$$

$$(6.2)$$

最后，运用式 (4.11) 和式 (6.2)，得到 $r_i(i = 1,2,3,4,5)$ 的值，即

$$r_1 = 0.1696, r_2 = 0.1576, r_3 = 0.1646, r_4 = 0.2385, r_5 = 0.2682$$

所以

$$r_5 > r_4 > r_1 > r_3 > r_2$$

根据 $r_i(i = 1,2,3,4,5)$ 值的大小，对各方案 $x_i(i = 1,2,3,4,5)$ 进行排序，选出的最佳方案为 x_5。

3. 问题三的求解

利用第 5.3 节提出的基于区间梯形模糊数的模糊风险分析方法，给出问题三的求解过程。

第一步：运用式 (5.9)，得到项目 $\tilde{A}_i$ 的风险值 $\tilde{R}(\tilde{A}_i)(i = 1,2,3)$：

$$\tilde{R}(\tilde{A}_1) = (\tilde{W}_1^{(1)} \otimes \tilde{R}_1^{(1)} \oplus \tilde{W}_2^{(1)} \otimes \tilde{R}_2^{(1)} \oplus \tilde{W}_3^{(1)} \otimes \tilde{R}_3^{(1)} \oplus \tilde{W}_4^{(1)} \otimes \tilde{R}_4^{(1)} \oplus \tilde{W}_5^{(1)} \otimes$$
$$\tilde{R}_5^{(1)} \oplus \tilde{W}_6^{(1)} \otimes \tilde{R}_6^{(1)}) \oslash (\tilde{W}_1^{(1)} \oplus \tilde{W}_2^{(1)} \oplus \tilde{W}_3^{(1)} \oplus \tilde{W}_4^{(1)} \oplus \tilde{W}_5^{(1)} \oplus$$
$$\tilde{W}_6^{(1)})$$

= (相对低 ⊗ 很低 ⊕ 很低 ⊗ 低 ⊕ 中等 ⊗ 相对高 ⊕ 低 ⊗ 相对低 ⊕ 中等 ⊗ 高 ⊕ 高 ⊗ 相对高) ⊘ (相对低 ⊕ 很低 ⊕ 中等 ⊕ 低 ⊕ 中等 ⊕ 高)

= {[(0.2325,0.255,0.325,0.3575;0.50),(0.17,0.22,0.36,0.42;1.00) ⊗ [(0.0075,0.0075,0.015,0.0525;0.50),(0,0,0.02,0.07;1.00)] ⊕ [(0.0075,0.0075,0.015,0.0525;0.50),(0,0,0.02,0.07;1.00)] ⊗ [(0.0875,0.12,0.16,0.1825;0.50),(0.04,0.10,0.18,0.23;1.00)] ⊕ [(0.4025,0.4525,0.5375,0.5675;0.50),(0.32,0.41,0.58,0.65;1.00)] ⊗ [(0.65,0.6725,0.7575,0.79;0.50),(0.58,0.63,0.80,0.86;1.00)] ⊕ [(0.0875,0.12,0.16,0.1825;0.50),(0.04,0.10,0.18,0.23;1.00)] ⊗ [(0.2325,0.255,0.325,0.3575;0.50),(0.17,0.22,0.36,0.42;1.00)] ⊕ [(0.4025,0.4525,0.5375,0.5675;0.50),(0.32,0.41,0.58,0.65;1.00)] ⊗ [(0.7825,0.815,0.885,0.9075;0.50),(0.72,0.78,0.92,0.97;1.00)] ⊕ [(0.7825,0.815,0.885,0.9075;0.50),(0.72,0.78,0.92,0.97;1.00)] ⊗ [(0.65,0.6725,0.7575,0.79;0.50),(0.58,0.63,0.80,0.86;1.00)]]} ⊘ {[(0.2325,0.255,0.325,0.3575;0.50),(0.17,0.22,0.36,0.42;1.00)] ⊕ [(0.0075,0.0075,0.015,0.0525;0.50),(0,0,0.02,0.07;1.00)] ⊕ [(0.4025,0.4525,0.5375,0.5675;0.50),(0.32,0.41,0.58,0.65;1.00)] ⊕ [(0.0875,0.12,0.16,0.1825;0.50),(0.04,0.10,0.18,0.23;1.00)] ⊕ [(0.4025,0.4525,0.5375,0.5675;0.50),(0.32,0.41,0.58,0.65;1.00)] ⊕ [(0.7825,0.815,0.885,0.9075;0.50),(0.72,0.78,0.92,0.97;1.00)]]}

$$= [\ (\ 0.\,7986,\,0.\,8398,\,0.\,9262,\,0.\,9513;\,0.\,50\ )\,,\ (\ 0.\,6889,\,0.\,7844,\,0.\,9567,$$
$$0.\,9866;1.\,00\ )\ ]\ \varnothing\ [\ (\ 0.\,9779,\,0.\,9858,\,0.\,9959,\,0.\,9978;\,0.\,50\ )\,,\ (\ 0.\,9492,$$
$$0.\,9763,0.\,9982,0.\,9997;1.\,00\ )\ ]$$

$$= [\ (\ 0.\,6544,\,0.\,7109,\,0.\,8592,\,0.\,9294;\,0.\,50\ )\,,\ (\ 0.\,5302,\,0.\,6382,\,0.\,9367,$$
$$1.\,0000;1.\,00\ )\ ]$$

类似地

$$\tilde{R}(\tilde{A}_2) = (\ \tilde{W}_1^{(2)} \otimes \tilde{R}_1^{(2)} \oplus \tilde{W}_2^{(2)} \otimes \tilde{R}_2^{(2)} \oplus \tilde{W}_3^{(2)} \otimes \tilde{R}_3^{(2)} \oplus \tilde{W}_4^{(2)} \otimes \tilde{R}_4^{(2)} \oplus$$
$$\tilde{W}_5^{(2)} \otimes \tilde{R}_5^{(2)} \oplus \tilde{W}_6^{(2)} \otimes \tilde{R}_6^{(2)}\ ) \ \varnothing\ (\ \tilde{W}_1^{(2)} \oplus \tilde{W}_2^{(2)} \oplus \tilde{W}_3^{(2)} \oplus \tilde{W}_4^{(2)}$$
$$\oplus \tilde{W}_5^{(2)} \oplus \tilde{W}_6^{(2)}\ )$$

$$=(\ 中等 \otimes 相对低 \oplus 低 \otimes 中等 \oplus 相对高 \otimes 高 \oplus 中等 \otimes 高$$
$$\oplus 相对低 \otimes 相对高 \oplus 相对低 \otimes 低)\varnothing(\ 中等 \oplus 低 \oplus 相对$$
$$高 \oplus 中等 \oplus 相对低 \oplus 相对低)$$

$$=[\ (0.\,7452,\ 0.\,8063,\ 0.\,9309,\ 0.\,9781;\ 0.\,50)\,,\ (0.\,6087,$$
$$0.\,7370,\ 0.\,9882,\ 1.\,0000;\ 1.\,00)\ ]$$

$$\tilde{R}(\tilde{A}_3) = (\ \tilde{W}_1^{(3)} \otimes \tilde{R}_1^{(3)} \oplus \tilde{W}_2^{(3)} \otimes \tilde{R}_2^{(3)} \oplus \tilde{W}_3^{(3)} \otimes \tilde{R}_3^{(3)} \oplus \tilde{W}_4^{(3)} \otimes \tilde{R}_4^{(3)} \oplus$$
$$\tilde{W}_5^{(3)} \otimes \tilde{R}_5^{(3)} \oplus \tilde{W}_6^{(3)} \otimes \tilde{R}_6^{(3)}\ ) \ \varnothing\ (\ \tilde{W}_1^{(3)} \oplus \tilde{W}_2^{(3)} \oplus \tilde{W}_3^{(3)} \oplus \tilde{W}_4^{(3)}$$
$$\oplus \tilde{W}_5^{(3)} \oplus \tilde{W}_6^{(3)}\ )$$

$$=(\ 相对低 \otimes 低 \oplus 中等 \otimes 相对低 \oplus 低 \otimes 中等 \oplus 中等 \otimes 相$$
$$对高 \oplus 高 \otimes 相对低 \oplus 很低 \otimes 低)\varnothing(\ 相对低 \oplus 中等 \oplus 低$$
$$\oplus 中等 \oplus 高 \oplus 很低)$$

$$=[\ (0.\,4049,\ 0.\,4935,\ 0.\,7010,\ 0.\,8139;\ 0.\,50)\,,\ (0.\,2576,$$
$$0.\,4045,\ 0.\,8265,\ 1.\,0000;\ 1.\,00)\ ]$$

第二步：基于第 5.3 节提出的区间梯形模糊数的相似度，计算 $\tilde{R}(\tilde{A}_i)(i = 1,\ 2,\ 3)$ 和表 5.4 中语言术语间的相似度，得到表 6.2。

表 6.2 $\tilde{R}(\tilde{A}_i)$ 和九个语言术语间的相似度 $S_j^{(i)}$ ($i = 1, 2, 3; j = 1, 2, \cdots, 9$)

$\tilde{R}(\tilde{A}_i)$	语言术语								
	绝对低	很低	低	相对低	中等	相对高	高	很高	绝对高
$\tilde{R}(\tilde{A}_1)$	$S_1^{(1)} = 0.0894$	$S_2^{(1)} = 0.1432$	$S_3^{(1)} = 0.2444$	$S_4^{(1)} = 0.3844$	$S_5^{(1)} = 0.5781$	$S_6^{(1)} = 0.7262$	$S_7^{(1)} = 0.6913$	$S_8^{(1)} = 0.4797$	$S_9^{(1)} = 0.3204$
$\tilde{R}(\tilde{A}_2)$	$S_1^{(2)} = 0.0641$	$S_2^{(2)} = 0.1122$	$S_3^{(2)} = 0.2152$	$S_4^{(2)} = 0.3623$	$S_5^{(2)} = 0.5677$	$S_6^{(2)} = 0.7411$	$S_7^{(2)} = 0.7745$	$S_8^{(2)} = 0.5644$	$S_9^{(2)} = 0.3591$
$\tilde{R}(\tilde{A}_3)$	$S_1^{(3)} = 0.1452$	$S_2^{(3)} = 0.2064$	$S_3^{(3)} = 0.2825$	$S_4^{(3)} = 0.4007$	$S_5^{(3)} = 0.5503$	$S_6^{(3)} = 0.5224$	$S_7^{(3)} = 0.4467$	$S_8^{(3)} = 0.2966$	$S_9^{(3)} = 0.2297$

第三步：结合表 6.2，选出各项目 $\tilde{A}_i$ 的风险值 $\tilde{R}(\tilde{A}_i)$ 与表 5.4 中九个语言术语间相似度 $S_j^{(i)}$（$i = 1$，2，3；$j = 1$，2，…，9）的最大值，即 $S_6^{(1)}$、$S_7^{(2)}$ 和 $S_5^{(3)}$ 最大，且 $S(\tilde{R}(\tilde{A}_1)$，相对高$) = 0.7262$，$S(\tilde{R}(\tilde{A}_2)$，高$) = 0.7745$，$S(\tilde{R}(\tilde{A}_3)$，中等$) = 0.5503$。于是，模糊风险值 $\tilde{R}(\tilde{A}_1)$、$\tilde{R}(\tilde{A}_2)$ 和 $\tilde{R}(\tilde{A}_3)$ 对应的语言术语分别为"相对高""高"和"中等"，则得出项目 $\tilde{A}_3$ 的风险是最小的。

6.4　本章小结

本章针对项目选择进行应用分析，基于模糊理论，首先结合第 3 章和第 4 章给出的两种模糊多属性决策方法，研究了如何选择合理、有效和可行的方案。然后结合第 5 章给出的模糊风险分析方法，分析了项目的风险，说明了这些方法具有可行性和实用性，为决策者评估项目、分析项目的风险，以及选择项目方案、避免风险等提供决策依据和方法支持。

第 ⑦ 章　结论与展望

模糊多属性决策是决策科学的重要组成部分，在经济、社会、管理、工程和军事等众多领域都有着广泛的应用。目前，关于模糊多属性决策理论与方法的研究虽然已取得较多的研究成果，但仍然不成熟。鉴于此，本书主要研究了模糊多属性决策方法和风险及其在项目选择中的应用。

7.1　结论

本书结合模糊数学、管理科学和系统科学等学科知识，对模糊多属性决策方法和风险进行了研究，得到以下研究成果。

1. 模糊多属性决策方法方面的研究

① 本书基于模糊理论对多属性决策问题进行讨论，给出决策属性的定量化方法，并提出了相应的模糊多属性决策方法。当决策者给出的方案满足属性的程度和不满足属性的程度分别是区间数形式时，采用区间直觉模糊数形式表示决策属性值，从而构造区间直觉模糊决策矩阵。基于 IIFCOWA 算子或 IIFCOWG 算子对每一方案的决策属性值进行集结，得到每一方案的综合属性值，再利用本书给出的区间直觉模糊数排

序函数，对每一方案的综合属性值进行排序，从而选出最优方案。该方法与属性值是一般模糊数的模糊多属性决策方法相比，决策结果更加符合客观实际，具有一定的可行性和实用性。

② 对模糊多属性决策问题来说，当采用梯形模糊数取代区间数来描述决策者给出的方案满足属性的程度和不满足属性的程度时，用梯形直觉模糊数表示决策属性值更好，进而构造梯形直觉模糊决策矩阵，并基于 TIFIOWA 算子或 TIFIOWG 算子对每一方案的决策属性值进行集结，得到每一方案的综合属性值，再利用本书给出的梯形直觉模糊数的可能度概念，对每一方案的综合属性值进行两两比较，得到各方案的综合属性之间的可能度矩阵，基于可能度矩阵对各方案进行排序，从而选出最优方案。该决策方法与属性值是区间直觉模糊数形式的模糊多属性决策方法相比，决策结果更加符合客观实际。

2. 决策风险方面的研究

① 鉴于用模糊层次分析法求权重和讨论决策风险时，要求模糊互补判断矩阵具有一致性，本书对模糊互补判断矩阵的一致性程度做了较为深入的研究。基于模糊蕴涵，定义了模糊互补判断矩阵的一致性程度，利用该一致性程度检验模糊互补判断矩阵的一致性，且对模糊互补判断矩阵的一致性程度与其逆矩阵、补矩阵和对偶矩阵的一致性程度之间的关系进行讨论，为决策者判断模糊互补判断矩阵的一致性提供新思路。

② 决策风险的度量在决策风险研究中至关重要。本书充分考虑风险的不确定性、损失以及决策者的风险态度等方面，在模糊环境下，给出基于混合熵和 l^p 距离的新的风险度量方法。该方法更加符合决策者的实际决策行为，为决策者防范和控制决策风险提供了理论参考和方法依据。

③ 为了评估模糊风险分析问题，运用区间梯形模糊数刻画每个组件的子组件对应的失效概率和损失严重性，得出各组件的总风险，并运用本书提出的计算区间梯形模糊数的相似度的新方法，计算每个组件与九个语言术语间的相似度，选出相似度中的最大者，以此来评估各组件的风险大小。

3. 应用方面的研究

在本书给出的模糊多属性决策方法和风险分析方法的基础上，研究了它们的若干应用，对实际中的项目决策问题进行了分析和决策。假设某项目的方案涉及四个评价属性：创新资源投入能力、创新管理能力、研究开发能力和营销能力，且该项目包含六种风险：技术风险、市场风险、财务风险、生产风险、管理风险和政策风险。本书对项目方案进行决策并对项目进行风险分析，具体包括以下方面：

①为了解决属性值是区间直觉模糊数形式的模糊多属性决策问题，本书对方案满足属性的程度和不满足属性的程度是区间数的形式，建立区间直觉模糊决策矩阵，选择最优方案，以便决策者选择可行的方案。

②为了解决属性值是梯形直觉模糊数形式的模糊多属性决策问题，本书对方案满足属性的程度和不满足属性的程度是梯形模糊数的形式，建立梯形直觉模糊决策矩阵，选择最优方案，以便决策者选择可行的方案。

③决策与风险相伴，为了评估项目的风险，利用每个项目的风险值与九个区间直觉模糊数表示的语言术语间的相似度，选出风险最小的项目。

7.2　展望

模糊多属性决策和风险的理论与方法是一个十分有意义的重要课题。本书对该课题进行了讨论和研究，并取得了一些研究成果。但是，还存在以下问题有待继续探讨和进一步深入研究。

①在实际决策过程中，由于受客观事物实际情况、决策者主观判断的限制和影响，往往很难获得确切的属性信息，得到的通常是不完全的属性信息。对属性值是实数、区间数形式的多属性决策问题的研究已经取得一些成果。但是，对于不完全属性信息为三角模糊数、区间三角模糊数、直觉模糊数等形式的决策问题，由于其具有一定的复杂性，相关研究工作还较少。为此，如何解决这类属性信息不完全的多属性决策问题，还有待进一步深入探讨。

②随着对多属性决策问题研究的深入，由于客观事物实际情况的变化或决策者主观意识的变化会使决策信息发生改变，此时有可能影响备选方案的排序结果。决策者为了讨论决策结果的稳定性，需要分析其灵敏度。目前，对于多属性决策问题的属性值是实数形式的决策问题来说，其灵敏度分析已取得一些研究成果。然而，对于复杂的模糊多属性决策问题的灵敏度分析，相关研究还很少，这是需要进一步深入讨论的内容。

③在实际决策过程中，风险是不可避免的。但是，目前对决策风险的研究还较少，尤其是如何更全面、系统地度量决策风险，深入研究其相关内容，依然是今后需要继续探讨的问题。

④关于属性值为直觉模糊数的多属性决策问题的理论研究已经取得一定进展。但是，关于直觉模糊判断矩阵的一致性问题的研究，依然有很大的困难，且关于其满意一致性的研究较少，这类问题是一个值得关

Methods and Applications ［M］. Berlin：Springer-Verlag，1987.

［11］徐泽水. 不确定多属性决策方法及应用 ［M］. 北京：清华大学出版社，2004.

［12］樊治平，冯博. 基于协同网络信息的多指标决策方法 ［M］. 北京：科学出版社，2009.

［13］YANG J B, SINGH M G. An evidential reasonaing approach for multiple-attribute decision making with uncertainty ［J］. IEEE Transactions on Systems, Man and Cybernetics, 1994, 24（1）：1-17.

［14］YANG J B, SEN P A. General multi-level evaluation process for hybrid MADM with uncertainty ［J］. IEEE Transactions on Systems, Man and Cybernetics, 1994, 24（10）：1458-1473.

［15］ZIMMERMANN H J. Fuzzy Set Theory and Its Application ［M］. Boston：Kluwer-Nijhoff Publishing，1985.

［16］胡秦生，郑春勇. 模糊多目标系统实用最优决策方法的研究 ［J］. 系统工程，1995，13（4），48-52.

［17］陈守煜. 多目标决策模糊集理论与模型 ［J］. 系统工程理论与实践，1992，12（1）：7-12.

［18］ZADEH L A. Fuzzy sets ［J］. Information and Control, 1965, 8：338-353.

［19］ATANASSOV K T. Intuitionistic fuzzy sets ［J］. Fuzzy Sets and Systems, 1986, 20：87-96.

［20］ATANASSOV K T. More on intuitionistic fuzzy sets ［J］. Fuzzy Sets and Systems, 1989, 33：37-46.

［21］ATANASSOV K T, GARGOV G. Interval valued intuitionistic fuzzy sets ［J］. Fuzzy Sets and Systems, 1989, 31（3）：343-349.

［22］刘锋，袁学海. 模糊数直觉模糊集 ［J］. 模糊系统与数学，2007，

21（1）：88-91.

［23］刘培德，左甲. 梯形直觉模糊数集成算子及在决策中的应用研究
［J］. 模糊系统与数学，2012，26（3）：127-138.

［24］JAIN R C. Decision making in the presence of fuzzy variables ［J］.
IEEE Transactions on Systems，Man and Cybernetics，1976，6：
698-703.

［25］JAIN R C. A procedure for multi-aspect decision making using fuzzy sets
［J］. International Journal of System Science，1977，8：1-7.

［26］BAAS S M，KWAKERNAAK H. Rating and ranking of multiple-aspect
alternatives using fuzry sets ［J］. Automatica，1977，13：47-58.

［27］WATSON S R，WEISS J J，DONNEL M L. Fuzzy decision analysis
［J］. IEEE Transcations on Systems，Man and Cybernetics，1979，9：
1-9.

［28］BALDWIN J F，GUILD N C F. Comparison of fuzzy sets on the same de-
cision space ［J］. Fuzzy Sets and Systems，1979，2：213-231.

［29］CHEN S H. Ranking fuzzy numbers with maximizing set and minimizing
set ［J］. Fuzzy Sets and Systems，1985，17：113-129.

［30］CHEN S J，HWANG C L. Fuzzy Multiple Attribute Decisdion Making：
Methods and Applications ［M］. Berlin：Springer-Verlag，1992.

［31］李荣钧. 模糊决策的基础：模糊集比较与排序 ［J］. 控制与决策，
2003，18（2）：221-224.

［32］WANG Y M，YANG J B，XU D L，et al. On the centroids of fuzzy
numbers ［J］. Fuzzy Sets and Systems，2006，157（7）：919-926.

［33］鲁成国. 模糊数的比较与排序及其在多属性决策中的应用 ［D］. 南
宁：广西大学，2006.

［34］邵迎超. 模糊数的排序及应用 ［D］. 成都：西华大学，2008.

［35］ WANG Z X, LIU Y J, FAN Z P, et al. Ranking L-R fuzzy number based on deviation degree ［J］. Information Sciences, 2009, 179 （13）: 2070-2077.

［36］ WANG Y M, LUO Y. Area ranking of fuzzy numbers based on positive and negative ideal points ［J］. Mathematics with Applications, 2009, 58 （9）: 1769-1779.

［37］ 王秀容, 张俊容. 一种新的模糊数排序方法 ［J］. 统计与决策, 2012 （8）: 78-80.

［38］ 王绪柱, 单静. 模糊量排序综述 ［J］. 模糊系统与数学, 2002, 16 （4）: 28-34.

［39］ WANG J, ZHANG J, LIU S Y. A new score function for fuzzy MCDM based on vague set theory ［J］. International Journal of Computational Cognition, 2006, 4, 44-48.

［40］ SMIDT E, KACPRZYK J. Amount of information and its reliability in the ranking of Atanassov's intuitionistic fuzzy alternatives ［J］. Recent advances in decision making, 2009, 222: 7-19.

［41］ LIN L, YUAN X H, XIA Z Q. Multicriteria fuzzy decision-making methods based on intuitionistic fuzzy sets ［J］. Journal of Computer and System Sciences, 2007, 73 （1）: 84-88.

［42］ YE J. Using an improved measure function of vague sets for multicriteria fuzzy decision-making ［J］. Expert Systerns with Applications, 2010, 37: 4706-4709.

［43］ ZHANG X M, XU Z S. A new method for ranking intuitionistic fuzzy values and its application in multi-attribute decision making ［J］. Fuzzy Optimization and Decision Making, 2012, 11: 135-146.

［44］ CHEN S M, TAN J M. Handling multicriteria fuzzy decision-making prob-

lems based on vague set theory ［J］. Fuzzy Sets and Systems，1994，67
（2）：163-172.

［45］HONG D H，CHOI C H. Multicriteria fuzzy decision-making problems
based on vague set theory ［J］. Fuzzy Sets and Systems，2000，114：
103-113.

［46］谭吉玉，朱传喜，张小芝，等. 基于海明距离和 TOPSIS 的直觉模糊
数排序法 ［J］. 统计与决策，2015 （19）：94-96.

［47］单玉莹，裴道武. 直觉模糊数排序方法的合理性 ［J］. 模糊系统与
数学，2014，28 （5）：170-177.

［48］徐泽水. 区间直觉模糊信息的集成方法及其在决策中的应用 ［J］.
控制与决策，2007，22 （2）：215-219.

［49］LEE W B. A novel method for ranking interval-valued intuitionistic fuzzy
numbers and its application to decision making ［J］. International Confer-
ence on Intelligent Human Machine Systems and Cybernetics，2009，2：
282-285.

［50］YE J. Multicriteria fuzzy decision-making method based on a novel accura-
cy function under interval-valued intuitionistic fuzzy environment ［J］.
Expert Systems with Applications，2009，36 （3）：6899-6902.

［51］LAKSHMANA G N，MURALIKRISHNAN S，GEETHA S. Mufti-criteria
decision-making method based on interval-valued intuitionistic fuzzy sets
［J］. Expert Systems with Applications，2011，38 （3）：1464-1467.

［52］刘成斌，罗党，党耀国，等. 区间直觉模糊动态规划方法 ［J］. 控
制与决策，2010，25 （1）：8-13.

［53］俞峰. 基于直觉区间值模糊理论的近似推理与多属性决策研究
［D］. 南京：南京理工大学，2008.

［54］魏艳艳，陈子春，徐福成. 基于可能度的区间直觉模糊数排序方法

及其在决策中的应用 [J]. 西华大学学报（自然科学版），2014，33
（2）：11-16.

[55] YAGER R R. On ordered weighted averaging aggregation operators in multi-criteria decision making [J]. IEEE Transactions on Systems, Man and Cybernetics, 1988, 18 (1): 183-190.

[56] HERRERA F, HERRERA-VIEDMA E, CHICLANA F. Multiperson decision-making based on multiplicative preference relations [J]. European Journal of Operational Research, 2001, 129: 372-385.

[57] XU Z S, DA Q L. The ordered weighted geometric averaging operators [J]. International Journal of Intelligent Systems, 2002, 17: 709-716.

[58] YAGER R R, FILEV D P. Induced ordered weighted averaging operators [J]. IEEE Transactions on Systems, Man and Cybernetics, 1999, 29 (2): 141-150.

[59] YAGER R R. Induced aggregation operators [J]. Fuzzy Sets and Systems, 2003, 137 (1): 59-69.

[60] XU Z S, DA Q L. The uncertain OWA operator [J]. International Journal of Intelligent Systems, 2002, 17 (7): 569-575.

[61] 许叶军，达庆利. 一种不确定型 OWGA 算子及其在决策中的应用 [J]. 系统工程与电子技术，2005，27 (6): 1038-1040.

[62] 徐泽水. 基于 FOWA 算子的三角模糊数互补判断矩阵的排序法 [J]. 系统工程理论与实践，2003，23 (10): 86-89.

[63] 徐泽水. 一种 FOWG 算子及其在模糊 AHP 中的应用 [J]. 系统工程与电子技术，2002，24 (7): 31-34.

[64] 许叶军，达庆利. TFOWA 算子及其在决策中的应用 [J]. 东南大学学报（自然科学版），2006，36 (6): 1034-1038.

[65] XU Z S. Intuitionistic preference relations and their application in group

decision making［J］. Information Science, 2007, 177（11）: 2363-2379.

［66］ XU Z S. Intuitionistic fuzzy aggregation operators［J］. IEEE Transactions on Fuzzy Systems, 2007, 15（6）: 1179-1187.

［67］ XU Z S, YAGER R R. Some geometric aggregation operators based on intuitionistic fuzzy sets［J］. International Journal of General System, 2006, 35（4）: 417-433.

［68］ ATANASSOV K. Operators over interval-valued intuitionistic fuzzy sets［J］. Fuzzy Sets and Systems, 1994, 64（2）: 159-174.

［69］ 徐泽水, 陈剑. 一种基于区间直觉判断矩阵的群决策方法［J］. 系统工程理论与实践, 2007, 27（4）: 126-133.

［70］ XU Z S, CHEN J. On geometric aggregation over interval-valued intuitionistic fuzzy information［C］. International Conference on Fuzzy Systems and Knowledge Discovery. IEEE, 2007: 466-471.

［71］ 王坚强. 信息不完全确定的多准则区间直觉模糊决策方法［J］. 控制与决策, 2006, 21（11）: 1253-1256.

［72］ 胡辉, 徐泽水. 基于 TOPSIS 的区间直觉模糊多属性决策法［J］. 模糊系统与数学, 2007, 21（5）: 108-112.

［73］ XU Z S. Models for multiple attribute decision-making with intuitionistic fuzzy Information［J］. International Journal of Uncertainty, Fussiness and Knowledge-Based Systems, 2007, 15（3）: 285-297.

［74］ 万树平. 基于区间直觉梯形模糊数的多属性决策方法［J］. 控制与决策, 2011, 26（6）: 857-866.

［75］ 康婧, 兰蓉, 王莎莎. 区间直觉模糊数的精确函数及其在决策中的应用［J］. 西安邮电大学学报, 2015, 20（3）: 86-91.

［76］ 高明美, 孙涛, 朱建军. 基于改进熵和新得分函数的区间直觉模糊

多属性决策 [J]. 控制与决策, 2016, 31 (10)：1757-1764.

[77] 李沃源, 乔剑敏. 基于期望值的区间直觉模糊多属性决策方法及其应用 [J]. 内蒙古大学学报（自然科学版）, 2018, 49 (1)：52-57.

[78] 黎昌珍, 梁家荣. 关联加权的梯形直觉模糊数集成算子及应用 [J]. 广西大学学报（自然科学版）, 2013, 38 (3)：738-745.

[79] ZHANG X, LIU P D. Method for aggregating triangular fuzzy intuitionistic fuzzy information and its application to decision making [J]. Technological and Economic Development of Economy, 2010, 16 (2)：280-290.

[80] WANG X F. Fuzzy number intuitionistic fuzzy arithmetic aggregation operators [J]. International Journal of Fuzzy Systems, 2008, 10 (2)：104-111.

[81] 汪新凡. 模糊数直觉模糊几何集成算子及其在决策中的应用 [J]. 控制与决策, 2008, 23 (6)：607-612.

[82] 侯福均, 吴祈宗. 模糊偏好关系与决策 [M]. 北京：北京理工大学出版社, 2009.

[83] 邢树军. 如何降低决策风险 [J]. 领导科学, 2000 (12)：6-7.

[84] 陈丽华. 决策风险的若干要素分析 [J]. 领导科学, 2002 (16)：40-41.

[85] 全昌文, 邵培基, 邱虹. 决策支持系统中的决策风险分析 [J]. 现代管理学, 2005 (1)：20-22.

[86] 李英华, 李兴斯, 姜昱汐. 信息熵度量风险的探究 [J]. 运筹与管理, 2007, 16 (5)：111-116.

[87] 王迪. 基于模糊熵的证券投资组合优化模型研究 [D]. 北京：北京化工大学, 2016.

[88] 刘芬. 熵视角下投资组合风险度量模型的研究 [D]. 宁波：宁波大

学，2015.

[89] 尚修刚，蒋慰孙. De Luca-Termini 混合熵的合理性分析及其推广 [J]. 华东理工大学学报，1996，22（5）：590-595.

[90] 卿铭. 模糊熵及其在模糊系统优化中的的应用 [D]. 成都：西南交通大学，2006.

[91] 尚修刚. 信息熵、模式分类及模糊数运算的研究 [D]. 上海：华东理工大学，1997.

[92] DE LUCA A, TERMINI S. A definition of a nonprobabilistic entropy in the setting of fuzzy sets theory [J]. Information and Control，1972，20（4）：301-312.

[93] 杜先进，孙树栋，司书宾，等. 不确定条件下多目标 R&D 项目组合选择优化 [J]. 系统工程理论与实践，2008，28（2）：98-104.

[94] FISCHER T. Risk capital allocation by coherent risk measures based on one-sided moments [J]. Mathematics and Economics，2003，32：135-146.

[95] 万上海. 基于改进的 Fishburn 测度的一致性风险度量 [J]. 数学的实践与认识，2008，38（21）：195-199.

[96] YANG J P, QIU W H. A measure of risk and a decision-making model based on expected utility and entropy [J]. European Journal of Operational Research，2005，164（3）：792-799.

[97] 杨继平，王中魁. 基于期望效用-熵风险度量的决策者风险态度 [J]. 北京航空航天大学学报（社会科学版），2010，23（5）：53-56.

[98] SCHMUCKER K J. Fuzzy Sets, Natural Language Computations, and Risk Analysis [M]. MD：Computer Science Press，1984.

[99] CHEN S M. New methods for subjective mental workload assessment and

fuzzy risk analysis ［J］. Cybernetics and Systems, 1996, 27 (5), 449-472.

［100］ LEE H S. Optimal consensus of fuzzy opinions under group decision making environment ［J］. Fuzzy Sets and Systems, 2002, 132 (3): 303-315.

［101］ CHEN S J, CHEN S M. A new method to measure the similarity between fuzzy numbers ［C］. Proceeding of the 10th IEEE International Conference on Fuzzy Systems , Melbourne, 2001.

［102］ CHEN S J, CHEN S M. Fuzzy risk analysis based on similarity measures of generalized fuzzy numbers ［J］. IEEE Transactions on Fuzzy Systems, 2003, 11 (1): 45-56.

［103］ 杜峰, 施文康, 邓勇. 基于 Hausdroff 距离的扩展模糊数相似性测度 ［J］. 上海交通大学学报, 2005, 39 (4): 614-617.

［104］ WEI S H, CHEN S M. A new approach for fuzzy risk analysis based on similarity measures of generalized fuzzy numbers ［J］. Expert Systems with Applications, 2009, 36 (1), 589-598.

［105］ HEJAZI S R, DOOSTPARAST A, HOSSEINI S M. An improved fuzzy risk analysis based on anew similarity measures of generalized fuzzy numbers ［J］. Expert Systems with Applications, 2011, 38, 9179-9185.

［106］ KHORSHIDI H A, NIKFALAZAR S. An improved similarity measure for generalized fuzzy numbers and its application to fuzzy risk analysis ［J］. Applied Soft computing, 2017, 52, 478-486.

［107］ YAO J S, LIN F T. Constructing a fuzzy flow-shop sequencing model based on statistical data ［J］. International Journal of Approximate Reasoning, 2002, 29 (3), 215-234.

［108］ WEI S H, CHEN S M. A new similarity measure between interval-valued trapezoidal fuzzy numbers based on geometric distance and the center of gravity points [C]. Proceedings of the sixth international conference on machine learning and cybernetics, Hong Kong, 2007.

[109] CHEN S M, CHEN J H. Fuzzy risk analysis based on similarity measures between interval-valued fuzzy numbers and interval-valued fuzzy numbers arithmetic operators [J]. Expert Systems with Applications, 2009, 36 (3), 6309-6317.

[110] CHEN S M, SANGUANSAT K. Analyzing fuzzy risk based on similarity measures between interval-valued fuzzy numbers [J]. Expert Systems with Applications, 2011, 38: 8612-8621.

[111] LEE L W, CHEN S M. Fuzzy risk analysis based on fuzzy numbers with different shapes and different deviations [J]. Expert Systems with Applications, 2008, 34 (4): 2763-2771.

[112] CHEN S M, MUNIF A, CHEN G S, et al. Fuzzy risk analysis based on ranking generalized fuzzy numbers with different left heights and right heights [J]. Expert Systems with Applications, 2012, 36 (3): 6833-6842.

[113] CARRL V, TAH J H M. A fuzzy approach to construction project risk assessment and analysis: construction project risk management system [J]. Advance in Engineering Software, 2001, 32 (10): 847-857.

[114] 吴从炘, 马明. 模糊分析学基础 [M]. 北京: 国防工业出版社, 1991.

[115] WANG X Z, RUAN D, KERRE E E. Mathematics of Fuzziness-Basic Issues [M]. Berlin: Springer-Verlag, 2009.

[116] CHEN S M. Evaluating Weapon Systems Using Fuzzy Arithmetic Operations [J]. Fuzzy Sets and Systems, 1996, 77 (3): 265-276.

[117] YAGER R R. On choosing between fuzzy subsets [J]. Kybernetes, 1980, 9: 151-154.

［118］SAADE J J, SCHWARZLANDER H. Ordering fuzzy sets over the real line: An approach based on decision making under uncertainty ［J］. Fuzzy Sets and Systems, 1992, 50 (3), 237-246.

［119］CHEN S J, CHEN S M. Fuzzy risk analysis on the ranking of generalized trapezoidal fuzzy numbers ［J］. Applied Intelligence, 2007, 26: 1-11.

［120］KUMAR A, GUPTA A. Methods for solving fuzzy assignment problems and fuzzy travelling salesman problems with different membership functions ［J］. Fuzzy Information and Engineering, 2011, 1: 3-21.

［121］徐泽水. 几类多属性决策方法研究 ［D］. 南京: 东南大学, 2002.

［122］FISHBURN P C. Lexicographic orders, utilities and decision rules: A survey ［J］. Management Science, 1974, 20 (11): 1442-1471.

［123］FISHBURN P C. A Survey of Multiattibute/Multicriterion Evaluation Theories. Zionts S, eds, Multiple Criteria Decision Making ［M］. Berlin \ Heidelberg: Springer-Verlag, 1978.

［124］刘新宪, 朱道立. 选择与判断: AHP (层次分析法) 决策 ［M］. 上海: 上海科学普及出版社, 1990.

［125］刘普寅, 吴孟达. 模糊理论及其应用 ［M］. 长沙: 国防科技大学出版社, 1998.

［126］SAATY T L. What is the Analytic Hierarchy Process? ［M］. Berlin/Heidelberg: Springer-Verlag, 1988.

［127］VAN LAARHOVEN P J M, PEDRYCZ W. A fuzzy extension of Saaty's priority theory ［J］. Fuzzy Sets and Systems, 1983, 11 (3): 229-241.

［128］SAATY T L. A scaling method for priorities in a hierarchical structure ［J］. Journal of Mathematical Psychology, 1977, 15 (3): 234-281.

［129］陈欣. 模糊层次分析法在方案优选方面的应用 ［J］. 计算机工程与

设计，2004，25（10）：1847-1849.

［130］张吉军. 模糊层次分析法（FAHP）［J］. 模糊系统与数学，2000，14（2）：80-88.

［131］刘新立. 风险管理［M］. 2 版. 北京：北京大学出版社，2014.

［132］SHANNON C E. A mathematical theory of communication［J］. The Bell System Technical Journal，1948（27）：379-423，623-656.

［133］张昕蕾. 风险度量中的信息熵方法研究［D］. 北京：北京交通大学，2015.

［134］曹云. 堤防风险分析及其在板桥河堤防中的应用［D］. 南京：河海大学，2005.

［135］陈玉和，姜秀娟. 风险评价［M］. 北京：中国标准出版社，2009.

［136］刘志强. 基于广义梯形模糊数的模糊风险分析［D］. 广州：广州大学，2013.

［137］HAO Y H，CHEN X G. Study on the ranking problems in multiple attribute decision making based on interval-valued intuitionistic fuzzy numbers［J］. International Journal of Intelligent System，2018，33（3）：560-572.

［138］XU Z S. An overview of methods for determing OWA weights［J］. International Journal of Intelligent System，2005，20（8）：843-865.

［139］汪新凡，杨小娟. 梯形模糊有序加权几何算子及其在决策中的应用［J］. 数学的实践与认识，2011，41（20）：78-83.

［140］HAO Y H，CHEN X G，WANG X Z. A ranking method for multiple attribute decision-making problems based on the possibility degrees of trapezoidal intuitionistic fuzzy numbers［J］. International Journal of Intelligent System，2019，34（1）：24-38.

［141］徐泽水. 模糊互补判断矩阵排序的一种算法［J］. 系统工程学报，

2011, 16 (4)：311-314.

[142] 和媛媛，周德群，王强. 基于模糊判断矩阵的一致性调整方法
[J]. 系统工程与电子技术，2008, 30 (11)：2186-2189.

[143] 李梅霞. AHP 中判断矩阵一致性改进的一种新方法 [J]. 系统工
程理论与实践，2000, 20 (2)：122-125.

[144] 骆正清. AHP 中不一致性判断矩阵调整的新方法 [J]. 系统工程
理论与实践，2004 (6)：84-92.

[145] XU Z S, WEI C P. A consistency improving method in the analytic hier-
archy process [J]. European Journal of Operational Research, 1999,
116 (2)：443-449.

[146] 樊治平，姜艳萍，肖四汉. 模糊判断矩阵的一致性及其性质 [J].
控制与决策，2001, 16 (1)：69-71.

[147] 宋光兴，杨德礼. 模糊判断矩阵的一致性检验及一致性改进方法
[J]. 系统工程，2003, 21 (1)：110-116.

[148] 杨静，邱菀华. 模糊互补判断矩阵一致性检验和改进方法 [J]. 系
统管理学报，2010, 19 (1)：14-18.

[149] 王阳，李延喜，郑春艳，等. 基于模糊层次分析法的风险投资后续
管理风险评估研究 [J]. 管理学报，2008, 5 (1)：54-58, 77.

[150] 郝永花，陈新国，王绪柱. 基于模糊蕴涵对模糊互补判断矩阵的
一致性程度研究 [J]. 数学的实践与认识，2018, 48 (22)：
249-254.

[151] 徐泽水. 模糊互补判断矩阵一致性检验和改进方法 [J]. 2002, 24
(11)：73-75.

[152] VAN DE WALLE B, DE BAETS B, KERRE E. A Plea for the use of
lukasiewicz triplets in fuzzy preference structures (I). General argumen-
tation [J]. Fuzzy Sets and Systems, 1998, 97：349-359.

［153］ TANINO T. Fuzzy preference orderings in group decision making ［J］. Fuzzy Sets and Systems, 1984, 12 (2): 117-131.

［154］ 王绪柱, 武彩萍, 薛娜. 模糊偏好关系及其应用 ［M］. 北京: 科学出版社, 2017.

［155］ LEE H S. An optimal aggregation method for fuzzy opinions of group decision ［J］. IEEE International Conference on Systems, Man, and Cybernetics, 1999, 3: 314-319.

［156］ FISHBURN P C. Mean-risk analysis with risk associated with below-target returns ［J］. American Economic Review, 1997, 67 (5): 116-126.